O púlpito

Anna Virginia Balloussier

O púlpito

Fé, poder e o Brasil
dos evangélicos

todavia

A Violeta e Victor, minha base de todos os dias.

A Pérola, que ainda não saiu da minha barriga mas já me mostra que andar com fé eu vou, que a fé não costuma "faiar".

Introdução 9

1. Conversão 19
2. Empreendedorismo 48
3. Política 79
4. Aborto 114
5. Sexo 147
6. Poder 171
7. Dízimo 188

Agradecimentos 205

Introdução

Estudei a vida toda num colégio metodista no Rio de Janeiro, menos pela questão confessional e mais porque era a escola particular mais em conta da vizinhança, que cabia no orçamento familiar. Nunca tinha pensado nele como uma instituição evangélica, mas os sinais estavam lá. Lembro que a direção não deixava ninguém distribuir saquinhos com maria-mole, doce de abóbora e outras gulodices no 27 de setembro, dia de São Cosme e Damião, uma tradição compartilhada por religiões afro-brasileiras e tão aguardada por mim. Minha família era quase toda espírita ou umbandista, mas nada que comovesse o colégio. Um professor certo dia explicou que os metodistas não acreditavam em santos, mesmo se por causa deles as crianças ganhassem doces.

Toda semana tínhamos aula de religião, na qual os alunos recebiam fundamentos básicos do cristianismo e aprendiam sobre John Wesley, o fundador da Igreja Metodista, um inglês com cabelos espichados em ondas brancas, que me remetia ao velho estampado no logo das aveias Quaker. A pastora Glauce é outra recordação daqueles anos 1990. Baixinha, tinha mullets acastanhados e usava saias sempre abaixo dos joelhos inchados pelo calor carioca. Uma vez, quando lhe contei que queria ser jornalista, ela sorriu com ar maternalista e disse que havia um plano traçado para mim antes mesmo que eu nascesse, apontando o dedo indicador roliço para os céus. Glauce costumava cantar em eventos especiais, como o encerramento do ano letivo. A música mais frequente em seu repertório, que anos depois fui descobrir se tratar de um corinho evangélico popular, começava assim: "Deus está aqui, aleluia/ Tão certo quanto o ar que eu respiro/ Tão certo quanto o amanhã que se levanta".

O Deus dos evangélicos estava ali e, nas décadas seguintes, daria as caras em tudo o que é canto do Brasil. O crescimento do grupo na população ganharia o status de fenômeno social. Não é para menos. Essa parcela religiosa era ínfima no primeiro censo nacional, de 1872, que cravou uma sociedade 99,7% católica. A análise dos dados merece cautela, até porque é difícil comprar a ideia de que milhões de escravizados, ex-escravizados e indígenas se curvassem ao Vaticano — a hipótese mais provável é a de que fossem enquadrados à revelia naquela que só deixou de ser a religião oficial do Estado após a proclamação da República, em 1889. Os milhares de protestantes que apareceram no levantamento eram, quase todos, imigrantes europeus recém-chegados ao Império brasileiro. Um cisco na visão geral.

O monopólio do catolicismo na nação teria vida longa. No censo de 1940, nove anos após um agnóstico Getúlio Vargas instituir Nossa Senhora Aparecida como padroeira da nação, católicos ainda respondiam por 95,2% do povo, enquanto evangélicos mal faziam cosquinha no nicho cristão, com 2,6% de participação nas estatísticas oficiais. Continuaram crescendo, devagar e sempre, até os anos 1980, quando não chegavam a um décimo da religiosidade nacional. Ainda não inspiravam o catatau de análises sociológicas hoje dedicadas a eles, nem uma certa inclinação ao alarmismo, em círculos intelectuais à esquerda, devido à fatia que eles passaram a ocupar no bolo populacional.

Não que já não fossem vistos como uma caricatura desnutrida de nuances, "essa gente" que andava pra lá e pra cá com uma Bíblia sob o sovaco e mil dogmas na cabeça. Mas estavam mais para café com leite no paradigma social. A própria reticência do segmento em tomar parte no que viam como um mundo ulcerado por impurezas colaborou para um desdém mútuo entre evangélicos e não evangélicos. A ética de distanciamento social fazia sentido para os trabalhadores que espessavam o caldo pentecostal, resignados com a falta de perspectiva de ascenderem na vida. Para que adotar condutas mundanas que não os favoreciam se podiam, pela via ascética, aspirar a uma vida eterna cheia de riquezas?

As primeiras levas de crentes brasileiros não queriam muito papo com a política nem com os meios de comunicação, numa época em que a maioria delas enxergava essas duas veias da sociedade como safenas para uma vida endiabrada. Então eram eles quietos no canto deles, o resto do país na cabeceira oposta, e vida que segue. O que se seguiu, contudo, foi uma daquelas revoluções que demoram anos e anos para acontecerem da noite para o dia.

Logo os evangélicos estavam em peso nos lares, em espaços comprados na grade de programação das televisões, e também em Brasília, formando a primeira bancada evangélica no Congresso eleito para formular a Constituição de 1988. Já não se contentavam com adiar para o plano espiritual benesses que podiam conquistar aqui e agora. Incharam em número de fiéis a ponto de especialistas projetarem que, em questão de anos, teremos mais evangélicos do que católicos no Brasil. Se os prognósticos demográficos se confirmarem, será um conjunto com maioria de mulheres negras e pobres.

Uma pesquisa divulgada em 2023 pelo IPEA (Instituto de Pesquisa Econômica Aplicada) dimensionou a multiplicação da estrutura física que acompanhou esse galope religioso: entre 1998 e 2021, a presença de templos evangélicos, principalmente os de orientação pentecostal, aumentou 228,5% no território nacional — isso considerando apenas aqueles com CNPJ e deixando de lado as incontáveis casas de culto que se arranjam como podem, sem qualquer adesão formal, com cadeiras de plástico branco enfileiradas na garagem de periferias, o púlpito improvisado na frente, um autointitulado pastor no comando, e pronto. As 87,5 mil igrejas evangélicas regularizadas no último ano abarcado pela sondagem consistiam em sete de cada dez estabelecimentos religiosos no país, contra 11% de locais subordinados à Santa Sé.

As razões para a contração católica já passaram por vasto escrutínio acadêmico. Resumamos assim: a hierarquia rígida da linhagem cristã pioneira, com uma cadeia de poder verticalizada que coloca o papa e os concílios ecumênicos no topo, dá pouca mobilidade ao catolicismo. Fora que formar um padre demora anos, e já não há mais muita gente interessada no ofício que atraía uma legião de aspirantes nos tempos coloniais, quando era normal que famílias com muitos filhos dessem "um para Deus". Elas asseguravam, assim, ensino gratuito de qualidade para ao menos um dos rebentos nos seminários e, por tabela, os viam conquistar o status social embutido no sacerdócio.

Já os pastores nadam de braçadas no mar aberto do evangelicalismo, em que, na prática, qualquer um pode alcançar o sonho da igreja própria a partir de um denominador teológico comum. Daí a customização da fé que tudo comporta, da igreja em São Paulo que prega o Evangelho ao som de heavy metal (a Crash Church) à goiana que instituiu um culto para pets, recebendo provocações do tipo "quem vai pregar é um pastor-alemão?".

Veio da região que hoje forma a Alemanha, aliás, um levante que há mais de quinhentos anos gerou uma grande cisma do cristianismo e abriu uma nova rota religiosa para a civilização ocidental. Contrariado com um sistema católico que percebia como corrupto, baseado num "balcão da fé" no qual fiéis pagavam para abrandar a punição a seus pecados, o monge católico Martinho Lutero comprou briga com seus superiores. Pregou na porta de uma igreja, no dia 31 de outubro de 1517, 95 teses fulminando as cartas de indulgências que prometiam abreviar a temporada do pecador no purgatório.

Era uma forma eficiente de mandar uma banana para o clero romano e advogar por um espólio reformado dos ensinamentos de Jesus Cristo. Não era sua meta, já na partida, romper de vez com o Vaticano. Mas não teve jeito. Foi ignorado pelo papa e, quatro anos depois, excomungado. Seu protesto foi o marco zero da Reforma Protestante, da qual séculos mais tarde vieram as correntes evangélicas que hoje prevalecem no país.

O questionamento de Lutero gerou frutos que caíram longe da árvore seminal, argumentam críticos horrorizados com a cobrança despudorada do dízimo nos templos, vista como um revival perigoso da doutrina que o monge dissidente condenou — a lógica de quanto mais você dá à igreja, mais salvação garante para sua alma.

Em 2013, o sociólogo Reginaldo Prandi condensou num artigo para a *Folha de S.Paulo* alguns dos maiores medos que o novo bloco cristão do pedaço suscita na turma que costumava dominar sem maiores solavancos o debate público.

> O avanço acelerado das igrejas evangélicas anuncia para breve um Brasil de maioria religiosa evangélica. Se isso vier a acontecer, o país se tornará também culturalmente evangélico? Traços católicos e afro-brasileiros serão apagados, assim como festas profanas malvistas pela nova religião predominante? Deixarão de existir o Carnaval, as festas juninas, o famoso São João do Nordeste? Rios, serras, cidades, ruas, escolas, hospitais, indústrias, lojas terão

seus nomes católicos trocados? A cidade de São Paulo voltará a se chamar Piratininga? E mais, mudarão os valores que orientam a vida por aqui?

O sociólogo apostava que, antes disso acontecer, a religião mudaria, porque "ela se reconfigura em resposta a demandas sociais, e essa recauchutagem é tão mais profunda quanto maiores forem a consolidação e a difusão da crença". Deixaria, portanto, de ser radical e sectária para atender a uma sociedade de valores miscigenados.

A última década, contudo, acionou o botão do pânico em quem já via com reservas a escalada evangélica. Aumentou a densidade gravitacional de pastores nas discussões que polarizam o país, do aborto aos direitos LGBTQIA+, e não com o pendor conciliatório preconizado. Os discursos no púlpito foram se radicalizando na medida em que dois fenômenos paralelos ganhavam força: a popularização das redes sociais, com seu talento todo especial para instituir o binarismo ideológico e jogar uns contra os outros, e o encorpamento das chamadas pautas identitárias, na linha de frente pelos direitos de grupos historicamente marginalizados.

Eu também não era muito simpática ao segmento quando comecei a pesquisá-lo, com todos os filtros sociais que me formaram e os preconceitos classistas neles incrustados. Mas essa concepção foi se tornando insustentável ao longo dos anos, conforme eu ia conhecendo de perto a realidade das igrejas. Trabalhava há três anos no jornal quando Prandi publicou seu texto na *Folha*. Ainda se falava pouco sobre "essa gente" na mídia, quase sempre com o desprezo que as aspas sugerem. Bissextas eram as reportagens que tratavam do grupo sem tintas pessimistas. Da menina que sequer conseguia distinguir seu colégio metodista como um bloco no Tetris evangélico, passei a ser uma jornalista dedicada à cobertura religiosa, em particular àquela voltada à aba cristã aberta por Martinho Lutero meio milênio atrás.

O interesse começou em 2010, quando, recém-saída do programa de trainees da *Folha*, fui incorporada à editoria de política durante o furdunço de uma campanha presidencial. A jornalista Vera Magalhães, minha chefe à época, pediu à caloura da equipe para percorrer uma maratona de cultos evangélicos e missas católicas a fim de captar se o debate sobre aborto que contaminara a eleição havia chegado às pregações. Havia um palpite de que a orelha de Dilma Rousseff estava mais vermelha do que a bandeira do PT — falas passadas sinalizavam que a mulher indicada pelo presidente Lula para sucedê-lo era amigável a uma das bandeiras mais repudiadas nas rodas cristãs.

Dilma venceu aquele pleito, mas quem riu por último foi a parcela conservadora que ajudou a limá-la do poder em 2016, com um impeachment que descarrilhou seu segundo mandato. O desvendar desse enredo é puro suco da história política recente: dois anos depois triunfou Jair Bolsonaro, um deputado de credenciais extremistas e lábia conservadora que caiu nas graças da liderança evangélica acostumada a apitar no debate nacional.

Ainda em 2010, quando estimo ter gasto quase um mês indo a uns cinquenta cultos, percebi que muito do pouco que eu sabia sobre os evangélicos era repleto de simplificações grotescas. Eu ignorava a pluralidade do meio e desconhecia seus preceitos mais básicos. Na clássica representação de uma estrada bifurcada em duas trilhas distintas, uma florida e ensolarada onde se escuta o canto de passarinhos, outra trevosa, com árvores desfolhadas e barulhos amedrontadores, eu provavelmente despacharia o movimento evangélico pela rota mais sinistra. Havia um bocado de arrogância nessa perspectiva, como se a massa iletrada de crentes precisasse ser tutelada para ser salva das garras de pastores mal-intencionados.

De lá para cá, a convivência criada a partir da minha curiosidade jornalística derreteu um senso comum entalhado em mim por anos, que ainda hoje resiste intacto em muitas pessoas da minha órbita pessoal e profissional. Enquanto boa parte dos formadores de opinião insiste em enquadrar o avanço evangélico em um tipo de recuo civilizacional, ele chega com o pé no acelerador nas periferias, o que se percebe nas amostras mais prosaicas da vida. Expressões antes hegemônicas na boca do povo, como as interjeições de inspiração católica "Nossa Senhora!" ou "vixe Maria", agora dividem espaço com outras herdadas do léxico evangélico: "tá amarrado!", "queima, Jesus" e a referência a homens e mulheres como "varões" e "varoas".

Há desafios crônicos em radiografar o corpo evangélico brasileiro. Mesmo as fronteiras tradicionalmente usadas para dividir o bloco em três grandes bandas — pentecostal, neopentecostal e histórica, com igrejas ligadas ao protestantismo clássico — são frouxas quando aplicadas ao quadro contemporâneo, muito mais poroso. Quantas vezes, por exemplo, você já ouviu alguém classificar Silas Malafaia, um dos pastores mais midiáticos, como neopentecostal? Ele, contudo, comanda uma Assembleia de Deus, a maior entre as denominações com DNA pentecostal que se espraiam pelo país. O que não quer dizer que Malafaia não molhe os pés na onda encabeçada pela Universal do Reino de Deus, que difundiu a teologia que defende uma vida financeira próspera para os fiéis.

O prefixo "neo", vale dizer, se acoplou a essa corrente por intervenção acadêmica: veio da tese de mestrado do sociólogo Ricardo Mariano. Enquanto neopentecostal virou coringa para rotular tudo o que há de sórdido nas igrejas, o teólogo e pastor batista Ronilso Pacheco nos lembra que essa é "uma categoria de análise que nasce nas ciências sociais", sem eco no cotidiano do crente. "Se você perguntar a qualquer evangélico qual a sua denominação, ele te dirá, orgulhoso, que é batista, presbiteriano, calvinista, luterano, metodista ou pentecostal. Nenhum, absolutamente nenhum, te dirá neopentecostal", Pacheco afirma em artigo no UOL.

Anos depois de publicar sua tese, Mariano traçou a mesma linha de raciocínio quando o questiono sobre essa moldura identitária. Ele me diz que os termos comumente empregados (evangélico, protestante, reformado, renovado, pentecostal e neopentecostal) para definir quem é quem no meio "recobrem fenômenos correlatos muito heterogêneos, usados de forma intercambiável e confusa por diferentes grupos e mídias". Confusão é um bom substantivo para começarmos esta conversa sobre a mais tectônica movimentação a chacoalhar nossa sociedade nas últimas décadas. Para tanto, parto do princípio de que enquadrar evangélicos em bons ou maus não vai nos levar muito longe se quisermos entender o que está acontecendo em nosso país.

Tenho um tio, o Sebastião, que quando eu era criança me contou a história com traços anedóticos de um imigrante japonês que ele conhecia, convocado por um delegado para identificar o autor de um crime do qual fora testemunha. O sujeito entrou numa sala escura, separada de outra por um vidro espelhado que só deixava um lado ver o que se passava no outro. Deveria apontar o culpado entre os homens enfileirados no recinto ao lado. Não foi capaz de diferenciar um do outro e se justificou: "Brasileiro é tudo igual, né?".

Piada pronta com a homogeneidade míope atribuída a quem compartilha o fenótipo oriental, mas também uma imagem que me marcou por escancarar como a gente é hábil em passar por cima de singularidades até transformar em pastiche uma realidade que nos é estranha. Aí fica fácil cair na cilada de reduzir indivíduos a estereótipos.

Lá pelos idos de 2013, relatei, num e-book editado pela revista *Serrote*, meu encontro com Celso, um assessor de imprensa carioca, negro, sempre aboletado em camisas sociais, que tinha muitos clientes evangélicos, como ele. No começo, eu guardava para mim comentários que me passavam pela cabeça por pressupor que ele fosse o típico crente careta que habitava meu imaginário. Até que Celso me adicionou no Facebook. Ele curtia meus comentários sobre séries como *Mad Men* e era o primeiro a tirar sarro de invencionices dos irmãos de fé que assessorava, a exemplo do estande de drinques sem álcool que vendia "coquetéis gospel" como o Beijo de Judas. Era eu quem, num primeiro momento, enxergava Celso como um grão a mais de uma homogênea massa evangélica. Os anos seguintes cristalizaram em mim a certeza de que, para melhor compreender este novo Brasil, essa abordagem limitada precisava sair de cena. Ela foi com Deus.

I.
Conversão

Conheço Luiz desde sempre. Brincamos a infância toda juntos e passamos alguns Natais bebericando Alexander, uma bebida que minha mãe fazia para a data com conhaque, cachaça e leite condensado, docinha o bastante para o paladar infantil. Anos depois ele foi a primeira pessoa próxima a mim a se tornar evangélica. A gente já estava distanciado quando aconteceu, e até pouco tempo eu não sabia de nenhum detalhe sobre sua conversão. Um dia o chamei para conversar.

Eu já sabia desde pequena que ele tinha algo de especial, um carisma que faz com que todos o rodeiem como aleluias, os insetos que giram ao redor das lâmpadas em dias de muito calor. Algo de ginga carioca, com uma malícia despida de maldade que faz todo mundo rir, inclusive o alvo da pilhéria. Era baixinho, de cabelos claros, e as pernas arqueavam um pouco, culpa de uma doença congênita que só os filhos da minha mãe não herdaram. Todo mundo gostava dele. Paramos de nos falar antes da adolescência, por rixas familiares que nada tinham a ver com nós, crianças.

Eu não tinha como saber, portanto, que aos treze anos ele segurou pela primeira vez um rifle. Luiz conheceu essa galera numa praça. Não era trouxa, já estava ligado que os novos amigos eram jovens arregimentados pelo tráfico de um morro vizinho. Ao contrário de cidades onde a pobreza costuma ser despachada para a periferia, o Rio de Janeiro tem muitas de suas favelas espetadas em bairros de elite, e elite, por ali, em geral é sinônimo de zona sul. Luiz morava nessa região com a família. O prédio deles tinha um apartamento por andar e ficava a cinco quadras da praia. Não viviam como ricos. Os pais tinham profissões que não os levariam além da classe média, mas haviam descolado a moradia de bacana numa partilha de herança.

Naquele dia, Luiz decidiu seguir com os garotos não muito mais velhos que ele. Eles tinham fuzis, espingardas e pistolas. A princípio acharam que o playboy se amedrontaria. "Os moleques já falaram, 'qualé, menor, vai correr, não?'. Sempre fui pequenininho, com cara de bobo. Aquilo entrou no meu coração. 'Eu, bobo? Vão pensando que vou correr'." As pernas tortas de Luiz não se mexeram. Um dos rapazes lhe entregou uma espingarda calibre 12, "arma com coice potente", das mais violentas no mercado. Achou legal tirar aquela onda.

O grupo já tinha se embrenhado por um caminho ermo, afastado do zumbido urbano típico daquele naco da zona sul carioca. Na linha de visão havia um fio com bocal e lâmpada, uma iluminação improvisada à revelia do poder público. Luiz foi o primeiro a perceber que o apetrecho balançava. Um cachorro latiu na mesma hora, fixado na vegetação. "Eu com treze anos, do asfalto, já tinha me ligado de tudo." Policiais de tocaia.

Um dos jovens deu um tiro em direção ao mato. A resposta veio com um toró de balas disparadas do breu. Luiz se escondeu atrás de um muro e depois agiu como se aquilo fosse natural. "Só tirei a cara e botei dois tiros de 12. Foi o suficiente pra calar os policiais. Aí foi pernas pra que te quero." O líder da gangue se impressionou com a audácia do "menor". "Aí, neguinho, na moral, tu é de verdade, sem neurose", Luiz reproduz o que ouviu. "E foi aí que tudo começou."

E não começou devagar. Aos catorze anos, ele estava na linha de frente do tráfico. "Era tiro com PM, Bope [Batalhão de Operações Policiais Especiais] e tudo o mais. Não me envolvia de maneira superficial, né? Como eu era o playboyzinho do asfalto, com aquela cara de otário, tinha que demonstrar tudo dez vezes mais. Se o cria da favela dava tiro, se era inteligente, eu tinha que ser dez vezes mais."

O cria a que ele se refere é o jovem criado na comunidade. Com o tempo, Luiz foi ganhando a confiança de todos eles, inclusive a do "frente", que é o líder do tráfico local. "Minha mãe sempre foi uma pessoa muito braba, né, Aninha?", ele pergunta, usando o apelido que guardava para mim quando éramos crianças. Eu sabia do que ele estava falando. Mesmo para o padrão dos anos 1990, quando pais davam palmadas corretivas nos filhos com a naturalidade de quem pede para passar o sal, a repressão materna contra Luiz e suas irmãs escapava da curva.

> Ela sempre corrigiu a gente da forma que achava correta e que não surtia muito efeito. Era violenta com palavras, com agressões físicas, até com cinto. Isso nunca ajudou. Quando eu tinha treze anos, ela achou uma arma dentro de casa. Arrumou minha mala e me colocou para fora, e isso não ajudou nem um pouco, pelo contrário. Eu era um rebelde sem causa, sempre tive personalidade forte. Aí eu ficava mais adentrado naquele mundo. Graças a Deus consegui chegar até os dezoito.

Muitos amigos do morro não chegaram. Um deles morreu no dia em que Luiz foi preso. Era Natal de 2002. A irmã o convenceu a passar no almoço da família. Ele foi e se sentiu "muito maltratado e hostilizado" pela mãe. "Faltou sabedoria da parte dela de me abraçar, ela sempre com o coração duro. Lembro como se fosse hoje, ela falou, 'ah, veio aqui só pra comer, né? Tá ali seu presente, já bota logo no pé, não sei se te vejo de novo'". Era um tênis prata da Nike, que Luiz achou muito bonito. Entendeu que, para a mãe, ele estava fadado a morrer cedo.

Na manhã do dia seguinte, estava numa laje do morro, para onde se mudara. Acendeu um cigarro de maconha sem perceber que os policiais também estavam de pé desde cedo, revirando casas e, depois, se escondendo no mato que margeava a favela. "O famoso Troia."

Luiz estava desconfiado, mas os crias relaxaram e voltaram a embalar cocaína em papelotes gorduchos de quinze gramas. Ficaram com fome e pediram esfirras do Habib's. Um morador da favela estava dando uma festa no dia. De lá saiu um adolescente de catorze anos, que Luiz diz que nunca se envolveu com o tráfico, "nem fumar maconha o moleque fumava", mas que gostava de ficar perto para tirar onda por tabela. "A gente chama de embriaguez do sucesso. Ele queria saber como era, e eu falava pra ele que o bagulho era dar tiro porque quem tem cu tem medo. Brincava que os policiais também eram de carne e osso, o negócio era meter bala."

Um traficante entregou a arma a esse menino para comer um pedaço de bolo. Minutos depois vieram as rajadas. "Era como se fosse o mar, as ondas quebrando. Muito tiro de fuzil, muito mesmo. O garoto foi baleado, e eu fui preso. Dei sorte, podia ter sido morto também." Ele chorou quando viu o pé escapar por debaixo do lençol que cobriu o corpo do adolescente. Reconheceu na hora o sapato dele. "Os policiais vieram sempre com deboche, 'ah, mirei nele pensando que era você, tá chorando por quê?'. Eu disse que estava chorando porque ele era uma criança."

Luiz cresceu em berço católico com notas de espiritismo. Ia às missas de domingo, estudou a maior parte da vida num colégio de freiras, fez a primeira comunhão e chegou a ser coroinha de uma igreja grande da zona sul. "Sempre fui uma pessoa de muita fé. Me identifiquei muito com questões de empatia, amor ao próximo. Sempre fui diferenciado por isso, por ajudar mendigo, por falar com todo mundo igual." A fé o ajudou a atravessar a fase criminal. "Vivi uma vida muito de incerteza, onde você sempre tá ali à beira da morte. Vê tudo com outros olhos. Por exemplo, ontem troquei tiro, quase morri e tal, pô, Deus que estava ali comigo. Você vai ficando mais íntimo de Deus por conta disso, entende que tem alguém ali te poupando."

Ele ainda não havia se convertido. Mas, ao seu redor, o que mais percebia era esse apego à religiosidade no morro, bem mais do que no asfalto. "Onde tem pobreza, comunidade, tem muito culto evangélico. Você encontra muitas manifestações de outras religiões, mas o que impera realmente é o protestantismo, né, acho que é assim que se fala", diz, usando um termo menos popular para a fé que depois abraçaria. "Enfim, são os evangélicos. Acho que são pessoas também que estão muito vulneráveis, viram alvos mais fáceis para aproveitadores."

Entrou na prisão determinado a largar a vida bandida. A juíza que cuidou do seu caso se chamava Fátima. Ainda agarrado à doutrina católica, apelou à Nossa Senhora de Fátima. Estava convencido de que Deus lhe dera mais uma chance para recalcular a rota. Saiu da cadeia quatro anos depois e comprou uma barraquinha de churros. Não tinha ido além do ensino fundamental, e essa era uma forma honesta de ganhar dinheiro. A liberdade o encharcou. "Era boa a sensação de pisar na água do mar, de ir e vir. Não tinha mais nem vontade de ir ao morro."

Havia outra coisa também: a favela agora estava sob domínio de uma facção rival. Um dia Luiz voltou para buscar um instrumento de percussão seu, o tam-tam, que havia ficado com um morador. Não quis dar chance ao azar e foi pela mata para evitar esbarrões desnecessários com a polícia. Ele tinha sido escoteiro antes de migrar para o crime, no mesmo grupo em que eu fui lobinha, o ramo do escotismo para crianças menores. Estava acostumado a fazer trilhas, portanto.

No caminho, topou com o "atividade" deles, a pessoa encarregada de fazer a vigilância do morro. "Gritei: 'glória!'. Era um termo genérico para se identificar." Em seguida, cruzou com outro atividade, que lhe entregou um AR-15. "A gente brinca que é da Mattel, um fuzil que parece brinquedo, um calibre baixo para o padrão deles." Chegou, então, o cabeça do tráfico. Luiz sentiu um clima estranho, saiu fora e depois ficou sabendo, por moradores, que o novo dono do morro não gostava dele. Evitou a região por um tempo. Descobriu que havia um plano para amarrá-lo e matá-lo por desconfiarem que ele estava mancomunado com uma facção inimiga que tentaria tomar o controle do tráfico na comunidade. Depois dessa, acabou de fato procurando os tais rivais, sediados na Rocinha. Deixou o apartamento da mãe, onde se instalara desde que saíra do presídio, e foi morar na maior favela do país. "Comecei a me dedicar lá. Fui num grau muito alto. Só andava com o dono do morro. Já estava no patamar de homem de guerra."

Iniciou ali sua relação com um ex-chefe do tráfico da Rocinha, que seria preso poucos anos depois. Os dois tinham a intenção de retomar o domínio da comunidade onde Luiz iniciou seu currículo criminal. O "playboyzinho" cresceu rápido. Era tático, fazia organograma dos adversários. O chefão admirava sua esperteza. Tinha décimo terceiro, plano de saúde, a criminalidade na Rocinha "era como se fosse empresa". Até a invasão se concretizar, jogou-se com tudo em outras batalhas pela primazia na venda de drogas da cidade.

Hoje compreende que foi numa delas que sua conversão começou. É fechar os olhos para conseguir se ver de novo ali, colocando uma granada no pé da porta da casa onde se escondia, à espera dos rivais. "Deitei e fiquei apontando um fuzil." Se fosse para morrer, levaria uns seis com ele. Sentia que ia morrer. Minutos antes, avistou um beco com uma passagem bíblica pichada. "Não lembro qual, mas era tipo 'elevo os olhos pro monte de onde virá socorro'." Trata-se do salmo 121, que principia assim: "Ergo os olhos aos montes: de onde virá meu socorro? O meu socorro vem de Iahweh, que fez o céu e a terra". No fim, Luiz sobreviveu. Fugiu da comunidade com os companheiros de armas. O bando pegou uma van no meio de uma das principais vias da orla carioca, uma debandada a olhos vistos, em plena luz do dia. Todos de fuzil.

A experiência religiosa bateu fundo em Luiz. Não conseguia tirar da cabeça a pichação evangélica no muro da favela onde guerreou. Na igreja que conhecia, a católica, tudo lhe parecia mais litúrgico, sisudo. "Aquilo era mais caloroso. Comecei a de fato querer conhecer esse Deus dos protestantes. O Deus desses caras conforta mesmo."

Demorou mais um pouco para ceder a esse Deus. Os meses avançaram, e a parceria com o traficante seguiu. O Natal, mais uma vez, foi um ponto de inflexão em sua trajetória. Andando pela Rocinha, Luiz viu todo mundo com as famílias. "Por mais que o contexto fosse de pobreza, não faltava amor, festa, alegria. Chorei copiosamente. Estava com inveja." Algo mudou naquele dia. Concluiu que não sabia o que era amor: nem por ele mesmo, nem pela namorada, nem pela mãe. Tampouco por Deus. Se soubesse, não estaria levando aquela vida.

Rogou: "Deus, me mostra só o que é amor. Tô vendo que a corda tá esticando. Senhor, me dê um motivo". Pediu um filho. "Minha namorada tinha aquilo de policístico", uma condição ovariana que dificulta gestações. Há anos transavam sem proteção. Um filho, é isso! É o que lhe daria um norte. Luiz conta que pegou uma Bíblia que tinha ganhado "dessas pessoas que na madrugada vão evangelizar". Abriu-a ao acaso e caiu justamente no capítulo em que o anjo Gabriel avisa a Maria, mãe de Jesus, que sua parente Isabel também teria um menino, João Batista. Recado dado. "Trouxe pra mim que Deus estava falando comigo."

Passou um semestre, e ele voltou a se preparar para o combate contra o primeiro morro que frequentou. Marcaram uma data para deslanchar a guerra. Era julho de 2008, e o rapper americano Ja Rule faria um show na Rocinha. Luiz chamou seus soldados e montou "grupinhos, iguais aos da escola", para distribuir armamento. Vestiu uma farda que havia ganhado do tráfico de aniversário, similar à do Bope, mas sem as insígnias. Pronto para morrer ou matar. Um informante, contudo, avisou que tinha polícia na comunidade. Missão adiada.

Quando chegou em casa, a namorada o aguardava ansiosa. Talvez estivesse grávida, o sinal pelo qual Luiz tanto esperava. Ele não teve dúvidas de que era um menino.

> Lembro de ter escutado a voz de Deus falando comigo, que nada mais é do que a sua consciência. Fiquei com peso na consciência, e Deus me ouviu, era uma oportunidade para largar tudo de novo. Eu não falei com Deus naquela voz, "ó, meu Deus...". Falei como se estivesse falando com qualquer um, com um amigo. Aquele coração quebrantado e contrito. Eu vi na Bíblia, depois, que Deus não despreza esse coração.

De novo, ele cita um salmo, desta vez o 51, que diz: "Sacrifício a Deus é um espírito contrito, coração contrito e esmagado, ó Deus, tu não desprezas".

Dali para a frente, Luiz teve o que define como "grande comprometimento com a obra de Deus". Nem sempre gostou das igrejas a que foi, viu "muita gente atrás de glória, e poucos realmente preocupados em ajudar o próximo". Com o tempo foi aprendendo a diferenciar. Sentiu asco do pastor que "falava bonito", mas que "enalteceu o carro blindado que tinha e o relógio que Deus deu para ele". Decidiu: "Não é o meu Deus. Não tenho muito a ver com essa parada, não". Elaborou uma fé própria para navegar pela onda evangélica que inundou sua vida. Era boa a sensação de pisar na água desse mar.

Deu ao filho o nome de um anjo mencionado na Bíblia. Se não especifico qual, assim como não digo o sobrenome do meu parente, sua exata filiação comigo e as condições precisas em que estreou no tráfico, é para resguardar sua segurança e privacidade. Ele está em dia com a Justiça e distante do crime há mais de uma década. Sua história de conversão fala sobre o ímpeto que levou milhões de brasileiros a trocar sua fé, sobretudo a católica, ou mesmo a ausência de uma, pelo evangelicalismo.

É um debate pedregoso, superpovoado por preconceitos, de quem vê de fora, e de proselitismo, dos que falam de dentro. As abordagens academicistas tendem a antropologizar demais os crentes, reduzindo-os a um ente exótico, que não permite identificação. Há *nós* e há *eles*. Um corpo social a ser dissecado na maca metálica e gelada da ciência social. Suspeito que a trilha mais honesta a seguir não menospreza a intelectualização das experiências de conversão, a busca por suas raízes históricas e socioeconômicas, mas também não desvia da singularidade que cada uma delas exerce na vida de uma pessoa. Por que alguém se converte? Que arrebatamento é esse tão comumente narrado por quem o faz? Existe um denominador comum cultural para esse fenômeno? Como traduzir para céticos o que é sentir o amor de Deus esparramar dentro de si, percepção evocada por tantos evangélicos que entrevistei? Que tipo de identidade coletiva essa experiência produz?

Aqui está uma imagem possível, usada pela canadense Aimee Semple McPherson, que idealizou nos anos 1920 uma das igrejas pentecostais mais fortes até hoje, a Igreja do Evangelho Quadrangular, para descrever seu chamado:

> Toda a atmosfera parecia esticada no ar frio e claro, como as cordas de um violino sobrecarregado. As próprias estrelas estavam cantando em um tremolo agudo. Sobre o arco da Via Láctea, a lua radiante deslizava preguiçosamente. Vênus piscou para Saturno. A Ursa Maior despejou poeira estelar na tigela de sua irmã menor. [...] Era como se um maestro regesse o tempo exato com sua batuta, e a orquestra do universo soasse e balançasse em uníssono.

Há uma infinidade de alegorias para o momento em que uma pessoa tem o "estalo de Deus". Essa expressão veio da empresária Miriam, uma ex-católica que conheci há uns bons anos e que narrou sua epifania evangélica assim: estava passando pela porta de um templo quando sentiu como se fosse um puxão no cabelo, e um clarão a tragou para dentro, "como a abdução alienígena que a gente vê em filme, mas era Deus quem me trazia para perto".

Feixes de luz pululam em vários relatos, assim como a erupção de uma voz atribuída ao Criador, quase sempre masculina e grave, como nas projeções mais corriqueiras dos cristãos. Deus nunca soa como Mickey Mouse. Já escutei narrativas mais sóbrias também, de pessoas que falam numa tomada de consciência potente, mas sem efeitos especiais, no instante da conversão. Em comum, a maioria dos convertidos passava por algum sufoco físico ou emocional, de origens diversas: divórcio, doença, demissão, filho nas drogas.

A teologia do domínio religioso colaborou para esculpir o mundo tal qual o conhecemos. Foi usada como justificativa para as expedições colonizadoras dos europeus. Era preciso apresentar Jesus Cristo aos corações bárbaros do Novo

Mundo. Os católicos lideraram o processo tão logo Cristóvão Colombo pisou na América, mas os protestantes, que emergiram no mesmo século XVI em que a expansão europeia ganhou tração, buscaram recuperar terreno. Evangelicalismo, aliás, é um termo associado aos protestantes que enfatizam a conversão.

A Bíblia carrega essa mensagem de expansionismo da crença. "Cumpriu-se o tempo e o Reino de Deus está próximo. Arrependei-vos e crede no Evangelho." Nessa pregação, feita na Galileia, Jesus deixa claro que a salvação viria para quem aceitasse seu pai no coração. Em outra passagem, o filho de Deus diz a Nicodemos, uma autoridade entre o povo judeu, que ele precisava nascer de novo para entrar no céu. O fariseu fica confuso e questiona como seria possível um homem-feito retornar ao ventre materno. Jesus explica: refere-se a um renascimento espiritual.

"A noção de conversão cria uma interiorização da prática religiosa por parte da pessoa, e ela não é exclusiva da experiência cristã. Pode ser chamada de iluminação. O importante é que envolve sempre um antes e um depois", afirma Valdinei Ferreira, pastor do mais antigo templo protestante da capital paulista, a Primeira Igreja Presbiteriana Independente de São Paulo, de 1865.

Das cinco maiores cadeias de fé do mundo, só o hinduísmo e o judaísmo não agem ativamente para converter almas. Islamismo, cristianismo e budismo se apegam à ideia de carimbar sua fé pelo mundo. Institutos de pesquisa como o Pew Research Center apontam que a multiplicação religiosa mais célere hoje é a dos muçulmanos, puxada por questões demográficas. No Ocidente, o apetite conversionista faz com que os pentecostais, galho mais ramoso do segmento evangélico, liderem as taxas de crescimento religioso. É o que acontece no nosso país, onde o catolicismo reinou quase soberano até os anos 1980, quando nove em cada dez brasileiros se reconheciam nele, mas passou a perder espaço para evangélicos e pessoas sem qualquer filiação religiosa. Hoje são metade da população, numa sangria que deve perdurar mais alguns anos até ser estancada.

Certa vez, um pastor me disse que faltava aos católicos um pouco de darwinismo religioso. Não souberam se adaptar aos tempos e demoraram demais para reagir às demandas espirituais das novas gerações. Até os anos 1960, padres recebiam o comando para rezar missas em latim. Para o ex-traficante Luiz, trata-se de uma liturgia mofada, bem mais entediante do que os cultos animados e cheios de cantoria dos pentecostais. Fica fácil entender por que tanta gente opta pelas igrejas evangélicas para tentar se refugiar das adversidades.

Conforme essa fatia espichava na população, ser crente foi adquirindo também um valor social. "A conversão é muito importante para a criação do senso de comunidade", diz o pastor Valdinei Ferreira. "Sociologicamente falando, maior é o senso de pertencimento e de ajuda mútua. O próprio termo 'irmãos' remete à ideia de família."

Os anos 1990 e 2000 são essenciais para a frutificação dessa árvore genealógica. Antes marginalizada, a cultura evangélica passou a pleitear mais protagonismo social à medida que novas igrejas pipocavam Brasil afora. Ser crente foi aos poucos deixando de ser algo alienígena, ainda que certo estranhamento ainda perdure em alguns setores da sociedade.

O trânsito religioso encorpou com o embarque de celebridades. A lista inclui o boxeador Popó, o casal formado pela dançarina Carla Perez e o cantor Xanddy, a vice-campeã do Miss Bumbum Andressa Urach, o ex-Trapalhão Dedé Santana, a atriz Heloísa Périssé e o roqueiro Rodolfo Abrantes, que parou de cantar versos como "acho que ela viajou que eu era um picolé, me lambe" com sua ex-banda, Raimundos, e hoje tem uma carreira gospel e prega o Evangelho. Ao jornal *Folha de S.Paulo* ele disse, na época, que fumava maconha desde os treze anos e que se conectar com a religião o ajudou a abandonar o vício. "Estar com Deus no coração só me fez bem na vida. Eu consegui largar as drogas. Consegui ser feliz de verdade."

Baby do Brasil já trocou muitas coisas na vida. Trocou de nome (nasceu Bernadete Dinorah e depois adotou a alcunha Baby Consuelo), trocou juras de amor com Pepeu Gomes, então parceiro musical, trocou fraldas de seis filhos e trocou várias vezes a cor do cabelo — inclusive os da axila, uma laranja, e a outra azul, isso nos anos 1980. Naqueles tempos, seguia Thomaz Green Morton, o guru do "rá", um grito energizante que contagiou vários outros contemporâneos, de Gal Costa a Tom Jobim. Baby e Pepeu batizaram o caçula de Kriptus Rá e, em shows, usavam, como adereços, metais (como garfos) que Morton dizia entortar com a mente.

Em 1999, às portas do novo milênio, Baby do Brasil virou Baby de Deus. Criou sua própria igreja, que chamou de Ministério do Espírito Santo de Deus em Nome do Senhor Jesus Cristo. Passou a se definir como "popstora", uma pastora pop. Em 2014, no programa da jornalista Marília Gabriela, declarou: "Eu não tenho uma religião porque isso é coisa de homens e dá briga, eu tenho uma conexão com Deus via Evangelho de Cristo, poderoso e casca-grossa porque não vai ter bunda-mole no céu, só casca-grossa". No ano seguinte, me contou: "Sem nenhum baseado, me tornei uma pessoa muito mais louca". Do "rá" ao "aleluia", a busca pela espiritualidade sempre foi uma "bandeira nacional" que Baby se imbuiu de carregar, ela me disse.

Sua primogênita, Sarah Sheeva, pulou para o cercadinho evangélico antes da mãe, o que causou desavenças no lar. As duas ficaram dois anos sem se falar. Baby achava que a filha tinha se convertido a um "caminho muito radical e careta", como contou ao apresentador Amaury Jr. "Ela veio de saião, coque, e eu, 'filha, desse jeito não'." Baby não compreendia por que, para se credenciar ao reino dos céus, precisava mudar seu visual. "Deus é marqueteiro, tem igreja pra todo mundo. Ele é maravilhoso, o business é dele, a salvação é dele."

Sarah Sheeva começou sua trajetória profissional como cantora em 1994, como backing vocal dos pais, e quatro anos depois montou a banda SNZ com as irmãs Nana Shara e Zabelê. Em testemunho, relatou ter começado a aceitar Cristo após se deparar com a imagem do demônio durante um ensaio, que teria possuído um dos músicos de um show que faria. Sarah Sheeva, então, passou a frequentar a Igreja Celular Internacional, uma neopentecostal que desaconselhava sexo antes do casamento. Saiu para fundar um ministério próprio, que leva seu nome e tem como principal marca o Culto das Princesas, em que promete restaurar a identidade feminina.

Numa dessas reuniões, acompanhada pelo Ego, finado site especializado em celebridades, pregou: "Estamos aqui contra o espírito da cachorrice. Somos as princesas de Deus. Amém? Vamos gritar mais que show de rock!". A castidade era um ponto de honra em seus ensinamentos para um público exclusivamente de mulheres. Ela mesma se dizia adepta. Em 2016, Sarah Sheeva foi notícia ao exaltar em seu perfil no Instagram a paz que sentia "mesmo sem beijar na boca há mais de dez anos, mesmo sem ver AQUILO MARAVILHOSO na frente há mais de dez anos".

Por muito tempo prevaleceu na mídia tradicional um desavergonhado tom jocoso em matérias sobre artistas convertidos. Todavia, assumir a identidade evangélica, como fazem as atrizes Luana Piovani e Bruna Marquezine, as funkeiras Lexa e Pocah, e ainda uma legião de sertanejos e jogadores de futebol, vem deixando de ser tabu e naturalizando a imagem de um Brasil crente. Há menos antipatia à ideia, embora persista certa má-vontade, como em um post em que a proprietária de uma casa lamentava ter descoberto que a atriz Isabelle Drummond montara uma célula evangélica no quintal do imóvel.

Tornar-se evangélico não revoluciona apenas o íntimo de uma pessoa. Passar a fazer parte de uma igreja evangélica confere ao convertido uma relevância social muitas vezes inédita em sua vida. De forma prática, quem vira crente — uma maioria pobre — costuma melhorar de vida. Vários fatores contribuem para esse upgrade.

A cara mais habitual dos cultos evangélicos é a feminina. Muitas vezes, são as esposas que arrastam os cônjuges para a igreja. Eles vão deixando de lado velhos hábitos que impactavam de modo negativo o lar inteiro. "Na vida das famílias, principalmente as empobrecidas, fazia muita diferença", afirma Magali do Nascimento Cunha, pesquisadora do Iser (Instituto de Estudos da Religião) e membro da Igreja Metodista.

> Aquele pai de família que gastava o dinheiro com bebida, com cigarro, passa a não fazer mais isso. Isso é uma economia financeira que tem transformações. A questão da violência doméstica em situações que envolviam bebida, aí também tem mudança no marido. Ou as mulheres que tomam coragem, diante da fé em Jesus, de confrontar maridos violentos.

A leitura da Bíblia é outra chave para entender a ascensão socioeconômica por trás da conversão evangélica. As Escrituras são o coração das igrejas, e para bombeá-lo é preciso saber ler. "Essa ideia da religião do livro tornou possível popularizar a alfabetização, que se fazia muitas vezes com a própria Bíblia", diz Cunha. Mais para a frente, muitas igrejas também passaram a oferecer cursos práticos para o fiel sair da pobreza, como bordado e corte e costura. "Isso ajudava muitas mulheres a completar a renda familiar. Ser evangélico envolvia uma transformação social."

Essa vocação desembarcou com os primeiros missionários americanos, no século XIX, Cunha explica. "Eles chegaram com a visão de que estavam vindo para um país atrasado, católico." Queriam amealhar almas, mas também se viram encarregados de levar algum progresso àquele canto desgraçado do planeta. Para tanto, fundaram escolas: de pequenas unidades paroquiais, onde ensinavam crianças pobres a ler, a grandes universidades.

Advogado de renome em Nova York, John Theron Mackenzie decidiu, mesmo sem nunca ter viajado ao Brasil, incluir em seu testamento uma doação à Igreja Presbiteriana americana. O valor deveria financiar uma escola de engenharia no país sul-americano, que começou a funcionar em 1896, quatro anos após a morte de seu patrocinador mais generoso.

A Escola Americana, que depois ganharia o nome de Mackenzie, foi o embrião do que é hoje uma das principais universidades privadas do país. Fundada por um casal de missionários presbiterianos, ela abriu em 1870, num Brazil imperial que ainda se escrevia com "z" e que preservava uma religião oficial, a católica.

O Brasil virou um Estado laico via um decreto de 1890, dois meses depois do golpe militar que instituiu a República, mas o domínio do Vaticano varou o século até começar a se esfarelar. "A pregação da conversão", segundo a pesquisadora do Iser, "representava não só entrar para a igreja, mas mudar de vida: deixar de fumar, de beber, de usar o corpo nos bailes, no Carnaval". Prescindir de álcool, drogas e outros prazeres considerados mundanos tinha a ver com a preservação do corpo físico, tido como templo do Espírito Santo. A ética pentecostal pedia um afastamento do mundo e, por consequência, da cultura consumista. Um estilo de vida coerente para as primeiras gerações de crentes brasileiros, concentradas nas classes baixas e mais conformadas com não saírem de onde estavam. Deus os compensaria na vida que importa, a eterna. Era só ter paciência.

Os anos 1990 trouxeram novos componentes ao pentecostalismo da abstenção. "Agora, aceitar Jesus é abraçar a fé para prosperar, mudar de vida em termos financeiros", diz Cunha. É a era dos neopentecostais. A Universal do Reino de Deus, a mais parruda dessas igrejas, esparramou-se com mais afinco na política e na mídia. Fundadas por ex-aliados do bispo Edir Macedo, a Mundial do Poder de Deus e a Internacional da Graça de Deus são outros colossos neopentecostais. A Renascer em Cristo vem dessa mesma leva. O modelo teológico teve ainda aderência de incontáveis igrejinhas de bairro, que formam uma parte robusta da malha evangélica nacional.

Reginaldo Prandi, professor emérito de sociologia da Universidade de São Paulo (USP), discorreu sobre o fenômeno para a *Folha de S.Paulo*: à medida que "a âncora da economia brasileira [foi mudando] do trabalhador que produz para o consumidor [...], o pentecostalismo [teve] de rever sua posição sobre o consumo, até então encarado como ponte para o mundanismo. Dessa forma, acompanhou a mudança e adotou a teologia da prosperidade — coisa de gênio", diz o autor de *A realidade social das religiões no Brasil*. "Abandonou o princípio de que o dinheiro é do diabo e largou mão do velho ascetismo, mantido na esfera da sexualidade. Adequou-se às aspirações de classe média no que diz respeito a vestir-se, educar os filhos, ter tudo de bom em casa, comprar carro, viajar a turismo."

A Teologia da Prosperidade não tem vida fácil fora da sua bolha de origem. Evangélicos de outras correntes a veem como uma barra radioativa que contamina da nascente à foz de um rio, criando uma falsa ideia de que todo o segmento é igual aos olhos míopes dos seculares. Essa doutrina sustenta que Deus deseja para seus filhos a bonança já neste mundo. Acabou o papo de que o sofrimento em vida acumula créditos para o post mortem. Com ela, a recompensa é imediata: quem for um bom garoto será gratificado em vida com riquezas também materiais. Basta ter fé — e estar com o dízimo em dia. "A nova teologia promete que se pode contar com Deus para realizar qualquer sonho de consumo", resume Reginaldo Prandi. "Em suma, já não se consegue, como antes, distinguir um pentecostal na multidão por suas roupas, cabelo e postura. Tudo foi ajustado a novas condições de vida num país cujo governo se gaba do (duvidoso) surgimento de certa 'nova classe média', de fato cliente preferencial das lojas de 1,99 real."

O texto de Prandi foi publicado um dia antes da primeira visita do papa Francisco, recém-empossado no topo da hierarquia católica, ao Brasil. A manchete do dia da chegada do papa dizia: CATÓLICOS NO PAÍS CAEM AO MENOR NÍVEL DA HISTÓRIA. Uma pesquisa do Datafolha apontava que 57% dos brasileiros se enxergavam na religião da Santa Sé, e a reportagem em questão lembrava que, em 1994, 75% haviam respondido o mesmo ao instituto. Ainda se estatelariam mais nos anos seguintes. Rondam os 50% em sondagens mais recentes.

Se católicos se movem como um lento transatlântico da fé, à mercê do poder verticalizado do Vaticano para desatolar da tradição, evangélicos são um jet ski que ziguezagueia com mais desembaraço na maré religiosa. A recauchutagem pentecostal foi uma resposta adaptativa ao neoliberalismo que rebentou com tudo na década de 1990. A pesquisadora Magali do Nascimento Cunha vê uma mudança de paradigma na conversão evangélica feita dali em diante, e ela coincide com o surgimento de uma cultura gospel de massa como o Brasil nunca vira antes.

O novo crente ganha incentivos para se engajar no evangelicalismo. Uma espécie de dois em um: pague pela salvação da sua alma e leve junto um pacote de experiências para a família toda. O entretenimento vira um magneto importante para cativar novos fiéis. A música gospel se fortalece no período. Agências de turismo se empolgam com as caravanas da fé. Para crer, não é mais preciso correr longe das "coisas do mundo" que tanto horrorizavam a velha guarda. Basta adaptá-las aos preceitos cristãos. O clima de customização religiosa favorece o aparecimento de tribos evangélicas, vide a Bola de Neve Church, aberta por um pastor surfista que empregava pranchas longboard como púlpito. Mesmo o Carnaval, a mais profana data do calendário, é redimida.

Igrejas passam a brincar com a data para ver se atraem pecadores da carne para suas fileiras. Uma igreja metodista do Rio de Janeiro já estendeu na fachada um cartaz para os foliões do bloco Suvaco do Cristo, no Jardim Botânico, bairro aos pés do Cristo Redentor: "Não fique só no suvaco! Conheça Cristo por inteiro". Isso quando os próprios evangélicos não são os puxadores de samba. Caso da própria Bola de Neve: em 2017, fui conhecer sua Batucada Abençoada, uma bateria composta por fiéis de Guarulhos (SP). Com abadás à venda por trinta reais (dinheiro) ou 35 reais (cartão), o evento carnavalesco entregou adaptações evangelizadoras de hits do cancioneiro nacional. Em "Pelados em Santos", do Mamonas Assassinas, não era mais a mina do corpão violão que enlouquecia o eu lírico da letra. "Jesus me deixa doidããããão", dizia o refrão reformulado.

O pastor Eric Vianna, idealizador da Batucada, conta que não via sentido em se isolar num retiro, uma praxe entre evangélicos para o período, enquanto cidades eram tomadas por "toda a negatividade do Carnaval mundano". Jesus não ia preferir que eles dessem no pé, mas que ficassem para ser uma influência positiva em meio à onda de gravidez indesejada, motoristas alcoolizados e latinhas de cerveja na rua, para citar alguns dos danos colaterais que ele credita à data. "A gente se sentiu bastante egoísta em viver a alegria de Deus refugiado disso tudo", afirma Vianna, um ex-fã de cocaína e Iron Maiden que vendeu o cabelo comprido na Galeria do Rock, em São Paulo, para comprar um terno ao encontrar Jesus, 25 anos antes. Ele agora combina jeans com blusa ajustada no muque e polvilha nossa conversa com expressões como "os pastores são top mesmo".

A igreja é, mais do que nunca, um espaço de sociabilidade, em que o importante são os encontros e a diversão. A vinculação a uma única instituição perdeu muito da força que teve no passado. Fiéis vão atrás da denominação que lhes traga mais benefícios, usando-a para fins utilitaristas, sem o compromisso de fincar raízes. Se a conversão significava uma carteira de identidade, agora se assimila a um cartão fidelidade, em que, completada a cartela, exige-se o prometido brinde. A flutuação dos convertidos, a perambulação por templos, acirra a concorrência interna e irrita o bispo Edir Macedo. Eu escutei uma das broncas que ele deu nos fiéis que oscilavam entre a sua Universal, e outra igreja.

Era 2012, e Macedo não estava feliz com a arrancada de outros agentes neopentecostais. "Não ouça nenhum pastor. Fixe-se aqui", ele instruiu no culto. Fez uma alegoria com "misturar vinhos" para afirmar que muita mistureba denominacional pode dar pileque moral.

> Eu pergunto: quem fica curado assim? [...] Andando feito piolho na cabeça dos outros. Você quer ser livre, defina sua vida, sua fé. Você se encaixou bem na igreja "a", então fique nessa igreja. Não liguem a televisão tentando buscar outros canais que falem de Jesus. Todo mundo fala de Jesus, até o diabo fala de Jesus.

A socióloga francesa Danièle Hervieu-Léger é referência nas pesquisas sobre religiosidade contemporânea. Em 1999, ela lançou *O peregrino e o convertido*, um estudo sobre as novas formas de crer, mais desinstitucionalizadas e individualistas do que no passado. O peregrino seria aquele que flana por várias crenças e tece para si uma colcha de retalhos própria da fé. O convertido exerce a autonomia de escolher uma nova religião. Faz sentido num nicho em que o batismo é uma opção quase sempre tomada por um indivíduo crescido, senhor de si, ao contrário de católicos, que têm o costume de submeter bebês a seus ritos de iniciação.

"As sociedades modernas vivem um verdadeiro paradoxo", observa o sociólogo da religião Ricardo Mariano, da USP, em comentário sobre os escritos da colega europeia. "Ao mesmo tempo que se enfraquece o poder das instituições religiosas de enquadrar os fiéis, esfacelando visões de mundo e levando a insubordinação a qualquer instituição religiosa, abre-se espaço para que novas construções religiosas se sucedam."

Hervieu-Léger vê na figura do convertido o modelo mais acabado para a "identificação da formação das identidades religiosas nesse contexto de mobilidade". A ascensão dos evangélicos tem muito a ver com esse período de desregulamentação da crença. "O convertido manifesta e cumpre esse postulado fundamental da modernidade religiosa segundo o qual uma identidade religiosa 'autêntica' tem que ser uma identidade escolhida", diz a autora.

A partir do trabalho de Hervieu-Léger, Ricardo Mariano relaciona três modelos principais de conversão. Há os que se rebelam contra uma tradição inserida em si à revelia e a substituem por uma nova crença. O Brasil oferece um ótimo exemplo na transferência maciça de seus católicos para o bloco evangélico. Um segundo grupo é o dos "sem-religião", que, ao percorrer um arco individual, redescobrem raízes religiosas.

O fenômeno é comum entre jovens conterrâneos da socióloga, filhos franceses de imigrantes que aderem ao islã com um fervor nunca visto nos pais. O terceiro caso é o que chamamos de "reafiliado", o "convertido de dentro". Trata-se de alguém que vivia de maneira conformista a tradição herdada, mas que atravessa alguma experiência que o faz se reconectar com aquela identidade religiosa, agora de forma ativa e voluntária.

A bispa Sonia Hernandes já se sentiu uma evangélica de araque que precisou guerrear contra demônios internos para redescobrir a fé. De luta, afinal, ela entende. Quando a conheci, em 2013, ela se disse fã de UFC. "Vitor Belfort, né? Minotauro, Pezão, Anderson Silva… Tudo de bom!", ia listando lutadores dessa modalidade que tanto admira, os olhos amendoados brilhando. Também reluziam o colar com pingente de pomba (o símbolo do Espírito Santo), cravejado de brilhantes, os cinco anéis dourados, o brinco com pérolas e as lantejoulas azuis e verdes de sua baby-look, que formavam o nome de Jesus.

A Renascer em Cristo, igreja que fundou com o marido, o apóstolo Estevam Hernandes, havia criado o URF — Ultimate Reborn Fight —, ou "a luta definitiva do renascido", disputado pelos fiéis. Sonia vinha de uma sucessão de nocautes. Em 2009, uma unidade da Renascer desabou na zona sul de São Paulo, com mortos, feridos, investigações do Ministério Público e um catatau de ações de fiéis que responsabilizaram a denominação pelo desmoronamento. Em 2012, Sonia foi julgada pelo Supremo Tribunal Federal por lavagem de dinheiro. A corte acabou extinguindo o processo por entender que a acusação contra a bispa e o marido citava "organização criminosa", um tipo penal que ainda não existia na legislação brasileira — só viraria crime no ano seguinte. Além disso, três anos antes, seu primogênito, o bispo Tid, entrou em estado vegetativo após uma malsucedida cirurgia de redução de estômago. Ele ficou em coma até morrer, em 2016.

Reencontrei a bispa algumas vezes na última década. O encontro mais recente foi na Marcha para Jesus, evento de origem britânica que ela importou para o Brasil junto com o marido em 1993. De novo ela brilha. Na baby-look da vez, pedrarias em verde, amarelo e azul emulam as cores da bandeira nacional. Continua vaidosa, com muita maquiagem e muitas joias. A vaidade, diz, está em seu sangue libanês. A avó não dormia sem batom. "O que muita gente chama de vaidade é meio cultural. Lápis no olho aprendi a passar… tinha o quê, nove anos de idade?" Pergunto se ela sempre foi evangélica ou se a fé lhe veio mais tarde. Sonia responde que ambos. "Eu não saberia viver sem Jesus. Nasci num lar evangélico. Meus pais se conheceram num seminário, então fui criada na igreja. Mas eu não era convertida. Gozado, né?"

Sonia diz que sempre seguiu à risca o que acredita ser o manual do bom cristão. O primeiro namorado, Estevam, que conheceu aos treze anos, virou seu marido. Casou com ele aos dezenove, de vestido de cauda longa feito por uma tia. Logo vieram os filhos. Estava grávida de Fernanda, que hoje é bispa como ela, quando Estevam foi lesado por "uma pessoa bem desonesta" na empresa em que trabalhava como diretor de marketing. "Essa pessoa acabou dando um golpe no mercado e também na gente. O Estevam foi fiador de um monte de coisa. Então a gente perdeu tudo por conta dessa fiança."

Na mesma época, o pastor da igreja que Sonia frequentava morreu. Formada em nutrição, ela teve que descartar vários estágios, "os melhores", incompatíveis com sua gestação. Acabou aceitando um na ala de queimados do Hospital das Clínicas, que abandonou em menos de uma semana. "Cheirava podre. Não conseguia ficar lá." Nem o romance ia bem. "Meu casamento estava um caos. Eu falava uma coisa, e ele entendia outra."

Tudo havia degringolado muito rápido aos olhos da fiel de 23 anos. "Eu tinha feito tudo certo, e deu tudo errado. Sempre saía para evangelizar nas minhas férias. Era o meu prazer, a minha alegria. E agora eu só queria morrer." Não era uma maneira de falar. "Eu fiz um plano para tirar a minha vida e a dos meus dois filhos. Eu ia pôr veneno de rato na mamadeira das crianças e depois tomar. Achava que já ia pro inferno. Inferno por um, inferno por três. Pelo menos não ia deixar eles aqui pra falar: 'ah, sua mãe se suicidou'."

Ela lembra que fazia muito frio na tarde escolhida para matar a prole e depois a si mesma. Era junho de 1981. Os filhos estavam com um (Fernanda) e dois (Tid) anos de idade. A campainha tocou. "Fui abrir, e era um pastor. Ele trouxe uma palavra para mim. 'Olha, você ainda vai continuar com muita guerra, mas Deus tem um grande plano para você'." Sonia viu um sinal ali. Desistiu do projeto suicida. Dali para a frente, as coisas de fato começaram a melhorar, segundo ela.

Estevam trabalhava no marketing da filial brasileira da Xerox.

Ele começou a prosperar de uma forma absurda, sobrenatural. E eu comecei a orar de manhã. O Estevam saía, eu ajoelhava e orava, falava, "Deus, ou mata meu marido ou me mata, que eu não aguento, dá um jeito na minha vida". Não podia trabalhar, não tinha com quem deixar as crianças. Uma loucura. Pra que serviu tudo o que tenho de bom, todos os diplomas, se não tenho onde enfiar meus filhos pra ir trabalhar? E aí ouvi uma voz: "ame-o, ame-o". No primeiro dia, parei de orar, deve ser demônio. No segundo, de novo a voz. No terceiro eu falei: "então desce aqui e ama ele!". E Deus foi me ensinando a amar meu marido. Uma tia veio em casa e começou a me ensinar a ser casada, algo que eu não sabia.

Sonia conta que foi Jesus quem a salvou de si mesma. Daí veio a conversão de uma evangélica que só então compreendia o que era caminhar com Deus de verdade.

O grande problema era minha cabeça, a maneira como eu enxergava a vida, como eu via meu marido, meus filhos, como eu me via. Falei: "Senhor, se sou tudo isso que esse pastor falou, quero me enxergar nos Teus olhos". Eu já tinha lido algumas coisas na Bíblia, mas a Bíblia se descortinou pra mim. É uma luz que se derrama dentro do seu interior. É uma presença de amor tão séria que te dá segurança e ao mesmo tempo você começa a ver milagres. Aprendi a abrir a janela do céu. Aprendi a tirar força da minha fraqueza, do mundo espiritual. Eu recebi dons de cura, de profecia.

Uma dessas predições, diz, mostrou onde deveria ser a primeira sede própria do império religioso que a bispa e o apóstolo começaram a construir em meados dos anos 1980. "Tinha um ponto de ônibus na frente." Ela conta que sentiu o sopro de Deus ao passar pela paulistana avenida Lins de Vasconcelos e vislumbrar um prédio à venda, que já servira a um cinema e uma agência de automóveis. Foi o edifício cujo teto colapsou em 2009.

A manhã de batismo coletivo na margem da represa Billings tem a quentura que faz o suor empapar a roupa em poucos minutos. É o primeiro evento do tipo que a Renascer promove desde o começo da pandemia de Covid-19. "Olha que coisa linda", diz o apóstolo Estevam depois de contar até três e ordenar que dezenas de fiéis com túnica branca mergulhem o corpo inteiro nas águas. Pede a seguir que levantem "em nome de Jesus", e todos saem dali batizados. "Vamos dar uma salva de palmas para Jesus?"

O batismo deve ser feito sempre em nome do Deus trino, ou seja, em nome do Pai, do Filho e do Espírito Santo. A água é o duto da fé, tendo o próprio Cristo se batizado no rio Jordão, o mesmo onde o deputado Jair Bolsonaro, em 2016, no mesmo dia em que o Senado autorizou a abertura do processo de impeachment de Dilma Rousseff, se deixou submergir pelas mãos do pastor Everaldo, futuro presidiário e presidente de seu partido à época, o Partido Social Cristão.

Everaldo liderou a excursão parlamentar que contou com os filhos políticos de Bolsonaro. Questiona se o patriarca do clã acredita que Jesus "morreu na cruz", "ressuscitou", "está vivo para todo o sempre" e é o "salvador da humanidade". O pré-candidato a presidente diz sim para tudo e afunda no perímetro cercado do rio até a túnica branca, que alugou por menos de dez dólares, se ensopar toda. O pastor o levanta de volta e graceja: "Peso pesado!". Completa-se o aceno meramente simbólico ao eleitorado evangélico, já que Bolsonaro continuou se declarando católico.

A maioria das igrejas cristãs batiza por um destes três métodos: efusão (a água é derramada na cabeça); aspersão (a água é respingada, como no caso do sacerdote que molha os dedos para criar um chuvisco); e imersão (a pessoa é mergulhada). Os pentecostais têm predileção pelo último, por interpretarem que Jesus imergiu no Jordão — a Bíblia fala que ele saiu da água assim que foi batizado, quando então o céu se abriu, e ele viu o espírito de Deus descendo como pomba e pousando sobre ele. A água simboliza morrer para tudo o que veio antes, afundar o passado nela e nascer de novo.

A Renascer opta pela imersão. Para isso, construiu, em algumas de suas igrejas, tanques batismais que parecem pequenas piscinas. O batismo ao ar livre, como o feito na Billings em 2021, num trecho que margeia São Bernardo do Campo (SP), foi uma alternativa sanitária mais prudente em tempos pandêmicos. Estevam conduz a cerimônia coletiva. Diz à trupe que vai se batizar, disposta em cerca de trinta fileiras, que cada um tem uma história prévia, "mas o importante é renascer, que é aquilo que vocês estão fazendo hoje, diante dos anjos, diante de Cristo".

Um candidato ao renascimento se apresenta como Paulo Sérgio e compartilha um pouco da história que pretende deixar para trás. Foi preso nos anos 1990 e ficou vinte anos em cana. Saiu e experimentou crack. Morou por dois anos na linha do trem. Agora se sente pronto para passear pelos caminhos de Deus. Mateus também dá seu testemunho. Tinha depressão. Praticava o autoflagelo. Chegou várias vezes ao hospital com o corpo todo roxo. "Sua vida estava sem sentido, mas Deus entrou nela poderosamente", diz-lhe o apóstolo. Ele assente, lacrimeja e sorri.

"Não precisa correr, minha filha, depois você cai, e eu tenho que orar para você ressuscitar", brinca Estevam quando uma mulher dispara para tirar uma selfie com o parente recém-batizado. A mando da Renascer, fotógrafos e um drone registram todas as trocas de afeto, para que sejam veiculadas e inspirem futuros convertidos.

O líder evangélico se protege do sol com um boné onde se lê "reborn" (renascido) em letra cursiva. Orna os óculos escuros redondos com uma corrente de ouro. Sua esposa usa um chapéu-panamá e as joias de sempre. "Suas roupas espirituais foram trocadas, Jesus tirou o pecado", diz Estevam. Sonia dá um passo à frente com a calça de lycra que escolheu para este dia e acrescenta: "Hoje você está rompendo um portal espiritual".

Pedro Luís Barreto Litwinczuk cruzou esse umbral na década de 1990. Até certo ponto, sua história guarda semelhanças com a da bispa. Pedro sempre foi evangélico e casou cedo, aos dezenove anos, com a namorada da adolescência. Temer a Deus de verdade, contudo, é outra coisa. Uma vivência "muito mais radical" que só foi experimentar mais tarde.

Sentamos num café no Open Mall, um shopping na Barra da Tijuca que quase parece uma cidade-fantasma naquele primeiro ano de pandemia. A Comunidade Batista do Rio, Igreja que ele lidera, fica num imóvel no subsolo, onde ele prega vestindo calça jeans e camisa florida. Ali, Pedro é o pastor Pedrão. E, se é pastor, é porque em algum momento se acertou com Deus. Ele diz que a conversão para valer começou depois que foi sequestrado.

A esposa estava grávida de oito meses quando ele e uma irmã foram levados na noite de 11 de setembro de 1991 por criminosos que atendiam por apelidos como Maluco, Maluquinho e Risada. Tiraram a dupla do Chevette de Pedro, a enfiaram num Escort e levaram até o cativeiro. Um dos sequestradores ligou de um orelhão para avisar à família e exigir resgate. DUAS SEMANAS E MEIA DE PAVOR, dizia o título da reportagem no *Jornal do Brasil* que relatou a libertação dos irmãos após a polícia prender os malfeitores. O texto era acompanhado de uma foto com a seguinte legenda: "Marisa [sua mulher], Pedro Luís, os pais dele [...] e um policial cantam juntos 'Deus é tão bom para mim'".

Pedro era um exímio representante de vendas da Golden Cross, um dos principais planos de saúde do país. Acumulava três imóveis próprios e 250 linhas telefônicas, um pequeno tesouro na era pré-celular em que ter telefone fixo era sinal de status. Foi sequestrado numa quarta-feira, dia de jogar vôlei com amigos como Bernardinho, futuro técnico da seleção brasileira da modalidade. Ao sair de casa, pediu para Marisa, na reta final da gravidez, se arrumar, porque pretendia levá-la para jantar depois do treino, mas não voltou. "Os caras fecharam meu carro, com minha irmã no banco de trás."

O cárcere se resumia a um quarto com uma cama de casal na Pavuna, bairro de classe baixa na zona norte do Rio. Nos 21 dias em que ficou sob a mira deles, Pedro criou laços com seus sequestradores. Jogaram juntos pôquer e Atari, um video game popular da época. Pediu uma TV para passar o tempo. Assistiam a Xuxa, Bozo e Globo em geral. Passou seu aniversário de 26 anos ali. Ganhou salada de bacalhau e uma caixa de bombons Garoto. Depois de vinte dias, ele se deixou abater. "Virei pra Deus e falei, 'o papo é o seguinte, não tô aguentando mais, se não for solto até amanhã eu vou fugir, vou entender que é a Tua vontade'."

Uma corrente presa à cama unia os irmãos pelo tornozelo. Pedro bolou o plano de fuga: inventaria uma dor de barriga no meio da madrugada para avançar sobre um dos bandidos e pegar seu revólver. "Eu ia tentar quebrar o pescoço dele. Via muito filme do Schwarzenegger, do Stallone." A investida estava programada para o mesmo dia em que a polícia estourou o cativeiro. Pedro sacou na hora em que os agentes chegaram: "Era Deus dizendo assim, 'não é você quem vai sair, sou Eu que vou te tirar'. Isso mexeu muito comigo". Quinze dias depois, nasceu seu terceiro filho, de parto normal. "Era pra ser o mais doidinho, e é o mais calmo dos três."

Deus era tão bom para ele. Pedro sentiu que era hora de fazer sua parte. "Muitas pessoas se convencem, e não se convertem. Gostar de Jesus todo mundo gosta, até o diabo. Mas poucas pessoas se rendem a ele. Isso é conversão. No Evangelho de João, Jesus fala para Nicodemos que ninguém pode ver o Reino de Deus se não nascer de novo." O empresário começou a virar o pastor Pedrão sete anos depois. Entrou para o seminário e, nesse meio-tempo, ainda participou da terceira edição de *No Limite*, do primeiro time de reality shows da Globo. Foi ordenado em 2003 sem imaginar que, dezesseis anos depois, celebraria o casamento do filho de um presidente. Sob sua bênção, o deputado Eduardo Bolsonaro casou com a psicóloga Heloísa Wolf. Na cerimônia, Pedrão parafraseou o pai do noivo: "Deus acima de tudo e, hoje, Heloísa e Eduardo acima de todos". Da primeira fila, ouviu Jair Bolsonaro soltar um "boa!".

2.
Empreendedorismo

Silas Bitencourt não quer ninguém para baixo nesta noite. "O Levanta Varão é um estimulante sexual que fiz voltado para o público gospel", diz sobre o produto que anuncia como o principal patrocinador do espetáculo.

O frasco acomoda sessenta cápsulas tingidas de corante azul, para lhes garantir a mesma coloração do Viagra. A fórmula contém cafeína, taurina, guaraná e maca peruana. Assemelha-se a outros suplementos alimentares que prometem elevar a disposição do público consumidor, e, nesse caso, a de um membro bem específico dele. "Eu precisava lançar, porque muitos crentes não iam de repente entrar numa sex shop e comprar produtos assim", Silas explica.

Entre evangélicos, "varão" é um termo de lastro bíblico comumente empregado para se referir ao homem temente a Deus. A contrapartida feminina é "varoa". Ambos viraram pronomes de tratamento nas igrejas, quase tão populares quanto "irmão" e "irmã". Quando promete levantar o varão com suas pílulas energéticas, Silas mira muito além do trocadilho. Ele sabe que o mercado gospel é uma terra de oportunidades, e está decidido a não perder nenhuma.

Pergunto se ele já testou o estimulante. "Não, e nem posso", responde com uma gargalhada que acentua os três grandes sulcos espremidos entre as sobrancelhas, como uma miniatura do Grand Canyon. "Eu sou terrível, Virginia. Misericórdia, Jesus, tenho que me segurar."

Silas não se segura. Está metido num paletó de cetim preto que combina com o sapato que um amigo lhe trouxe de Boston, um modelo de bico fino coberto de strass, a pedra sintética que emula diamantes para quem não pode pagar por um. É a estreia do Culto da Resistência, que o *showrunner* vende como o primeiro reality show gospel do Brasil. Transmitido em redes sociais, o programa se desenrola num único dia, numa casa na periferia de Sorocaba (SP), em setembro de 2021. A pandemia ainda é uma realidade, mesmo que ninguém ali pareça muito preocupado com ela. São cem participantes no total.

Quase todos os patrocinadores que o sr. Bitencourt lista são ligados às marcas que criou em torno de si. O Levanta Varão, por exemplo, é da Biten Saúde. Tem também a Biten Records, sua gravadora. Mas veja bem. "Eu digo que o primeiro patrocinador, o primeiro de todos, é o Pai, o Filho e o Espírito Santo de Deus", diz Mary Hellen Bitencourt, cantora, influencer, empresária, pregadora e, nesta noite, uma das apresentadoras do evento. Silas a apresenta como sua esposa. "Meu bebê."

Sentada num sofá estofado com o derrame cromático de Romero Britto, ela conta como, cinco meses antes, o marido idealizara um reality show inspirado nas provas de resistência do *Big Brother Brasil*. Nelas, os adversários passam por apertos físicos e psicológicos, muitas vezes durante horas, até surgir um vencedor. Silas propõe assim: uma centena de concorrentes precisa segurar xixi, sentir fome e sede enquanto escuta pregações e louvores oferecidos em rodízio por convidados.

A maratona de provações começa pouco antes da meia-noite de uma sexta-feira, num salão sem ar-condicionado, com uma cadeira colada na outra e um púlpito à frente. A disputa só vai terminar no fim da tarde do dia seguinte, com os finalistas de pé em volta do Renault Kwid prometido para o último resistente — as opções são levar o carro ou receber um Pix no valor de 25 mil reais na hora.

Entre os que disputam o prêmio há um ex-jogador do Palmeiras (Wendel), dois contratados do SBT (a cantora Mara Maravilha e o mágico Ossamá Sato, de *A Praça É Nossa*), uma pastora que é fenômeno virtual (Patricia, com cinco milhões de seguidores no Facebook) e Chiquinho Homem de Ferro (sósia osasquense do herói da Marvel). Também comparece Mister M, o ilusionista mascarado que revelava segredos do ofício num quadro do *Fantástico*, no fim dos anos 1990. A presença do personagem interpretado pelo americano Val Valentino "mostrou a força da empresa, que, mesmo sendo gospel, queria trazer um participante conhecido internacionalmente", segundo Silas. "O povo veio com tudo: os tops, os pops, os bilionários, os famosos do gospel."

O reality atrasa e alguns competidores, irritados com o calor e com a demora, começam a se estranhar. Mara Maravilha acusa um oponente de transgredir regras ao beber água e ameaça ir embora. Vai, mas volta. Reaparece com uma garrafinha de água e dá goladas em teatral provocação. Rivais se queixam.

Silas não está feliz. Como um professor exasperado com a bagunça em sala de aula, tenta se impor sobre o rebuliço no salão. Gotas de suor escorrem por suas têmporas e empapam o cabelo crespo, com mechas grisalhas que colonizam também o cavanhaque. Passa um sabão no grupo: "Que vergonha, trabalhei tanto por este momento. Acabou a brincadeira. Vamos calar a boca agora, em nome de Jesus".

Por volta das nove horas da manhã de sábado, ainda há 62 pessoas no páreo. A louvação continua, agora do lado de fora. Os resistentes migram do salão fechado onde vararam a madrugada para um pátio ao ar livre, sob forte sol. Não podem se mexer. Um a um, eles vão abandonando a competição. Mara pede para sair no fim da manhã. No meio da tarde, temos vinte fiéis na luta. Silas sai para dar um cochilo.

Na volta, o pastor fica pasmo com o pessoal que persevera. Já são dezessete horas de resistência. Chega. O mestre de cerimônias propõe que os finalistas dividam o prêmio e acabem logo com a sevícia coletiva. Nada feito. "Vocês vão cair, vão bater a cabeça, vão morrer", ameaça os que ficam. Silas não aguenta mais. Abaixa, varão. "A direção do evento tentava o tempo todo conscientizar que, fazendo isso [aceitando rachar os 25 mil reais], eles também poderiam sair dali como vencedores", ele vai me contar depois de tudo terminar. "Era sofrimento demais."

No fim, catorze obstinados topam a partilha do pão. Levam 2500 reais cada um, quase 130 reais por cada hora que suportaram. Tudo acaba com fogos de artifício, "para não deixar nada a desejar aos realities milionários que passam na TV", diz o idealizador do programa. "Graças a Deus. Já pensou eu lá até agora? Misericórdia."

Silas não consegue estar em um só lugar. Tem uma lista extensa de projetos que inclui um serviço de engajamento em redes sociais, que vende pacotes de cinquenta comentários e curtidas por 250 reais, e um canil virtual, o Rei do Lulu, "o maior site especializado em compra e venda de filhotes de lulus-da-pomerânia". Sua expertise, contudo, reside em cartografar carências no mercado vibrante, mas muitas vezes amador, do gospel.

Não é pouca coisa. Hoje os evangélicos são mais de 60 milhões no país. Um latifúndio de gente que por muito tempo se viu sub-representada na mídia e nos espaços de consumo. Não estavam nas novelas, tampouco nas pautas jornalísticas — salvo em reportagens com alguma denúncia embutida. Tinham fome de produtos adaptados para seu paladar evangelizado, mas nenhuma grande marca estava disposta a saciá-los. Pipocavam ali e acolá algumas exceções, mas só para confirmar a regra do fenômeno de massa alijado da esfera pública. O jeito foi criar uma indústria paralela para fabricar oferta para tanta demanda.

É aí que entram empreendedores como Silas. Ele começou analógico no ramo. Tinha em Santo André (SP) uma pequena rede, a Livraria Evangélica Bitencourt, e o jornalzinho impresso *BitenNews*, que durou de 2002 a 2005. É uma salada gráfica, com várias fontes, cores e efeitos disputando na mesma página o olhar do leitor.

Silas penou na juventude. "Eu era o mais feinho da turma, todo desdentado", diz, jactando-se das lentes de contato dentais que hoje ostenta. "Quando uma irmã toda torta entrava, os irmãos gritavam: 'Chegou a bênção do Silas'." Mas ele não caía na pilha e preconizava que sua bênção "seria branquinha, porque sou negão, e todo negão gosta de branquinha".

O primeiro contato de Silas e Mary Hellen só aconteceu porque a coisa começou a feder. Uma sobrinha bebê da então adolescente de dezesseis anos precisava trocar a fralda, e ela e a cunhada entraram numa das filiais da Livraria Evangélica Bitencourt, que ficava num shopping. A jovem notou a placa de PRECISA-SE DE VENDEDORA. No dia seguinte já estava no batente.

Quem deu em cima foi ela. Começaram a namorar em 2002 e se casaram três anos depois, na Vivano Steak, uma churrascaria em São Caetano do Sul (SP) com minipalmeiras na entrada. "Interditamos a rua porque eu sempre fui metido." Ali Silas ainda faria alguns eventos de sua carreira empresarial, como certas edições do prêmio Melhores do Ano Gospel, com a entrega de um fac-símile da estátua do Oscar.

Mary Hellen cantava na igreja, mas ele traçou uma estratégia para alçá-la ao primeiro escalão desse circuito musical. Pôs o plano em ação na mesma época em que sua livraria foi à falência, na rabeira dos anos 2000. Estava sedento por novos desafios, mas sem um tostão no bolso. Ele conta que, certo dia, passou de garganta seca pela orla da Praia Grande, no litoral paulista, e reparou nos ambulantes que vendiam água.

Calculou: uma garrafinha comprada por 25 centavos do revendedor podia ser repassada por dois reais nas ruas da cidade praiana. "Para a glória do Senhor, juntei 15 mil reais em um mês." Uma média de 280 águas por dia, pelas suas contas.

Mary Hellen lançou *O relógio de Deus* em 2012, e dezenas de outros álbuns na sequência. Colocou megahair e consertou os dentes. Foi aos programas do Ratinho e do Raul Gil. Nunca chegou a ser do primeiro time das cantoras cristãs, mas serviu de laboratório para o marido ir testando as águas do segmento. E elas não são dóceis. "Essa missão do gospel eu encaro como missão mesmo, algo que Deus me chamou para fazer. É um povo difícil, um povo que não se ajuda. Se um puder puxar o tapete do outro, puxa, igualzinho ao secular."

"Secular" é um termo corriqueiro no vocabulário dos crentes. Refere-se a valores descolados da religiosidade. Aplica-se muito, na prática, a pessoas e hábitos não evangélicos. Eu, por exemplo, sempre transitei pelas igrejas como uma "jornalista secular". Foi assim que Silas me saudou quando nos conhecemos, três meses antes do Culto da Resistência.

Na ocasião, ele se apresentou como o "manager" da família Ota, composta por pai, mãe e um trio de filhos. Eles têm de seis a quinze anos e são, os três, pregadores mirins. Esther, a caçula, balança o vestido de estampa florida azulada, de pé no sofá do sobrado onde a família mora, no Itaim Paulista (zona leste de São Paulo). "Já arrebatei na igreja", ela diz, empolgada. Arrebatar, para pentecostais como os Ota, "é quando seu corpo recebe uma força sobrenatural", explica João Vitor, o irmão do meio. "E você acaba não aguentando, né? A carne é fraca, você perde o controle de si mesmo, roda, pula, fala em línguas."

A família tem grandes ambições para prosperar na indústria gospel. Numa tarde de conversa, aprendo que Davi, o primogênito, deseja muito ser convidado para os programas de

Raul Gil e Danilo Gentili. João está doido para ir ao auditório do Silvio Santos, "pra ganhar dinheiro" do apresentador que faz aviãozinho com notas de real. Esther, por sua vez, quer ter "mais de mil de mil de mil e de mil" seguidores no Instagram "para ganhar mais recebidos", as cortesias que as marcas enviam a influenciadores digitais em troca de divulgação. Os três querem ficar ricos.

Por muito tempo as igrejas escorraçaram pretensões maiores de abundância material. Reabilitada pelas igrejas neopentecostais, a premissa de que o cristão não precisa fazer voto de pobreza para conquistar uma vaga no reino dos céus foi, nos últimos anos, transbordando para um arco maior de denominações evangélicas. Em junho de 2023, inspirou o Christ Summit, uma convenção em Alphaville, enclave da elite paulista, que reuniu nomes reluzentes do empreendedorismo cristão e uma plateia ansiosa por mimicar seu sucesso.

"Deus quer que você fique rico, sim", afirma Janguiê Diniz, dono do Ser Educacional, conglomerado da área de educação, e mente por trás do evento. Filho de pais analfabetos, ele nasceu no interior da Paraíba, aos oito anos foi engraxate, e estudou até virar juiz e procurador do Trabalho. Tinha, contudo, "o sonho de empreender". Conta como o perseguiu escoltado pela trilha sonora de Rocky Balboa, o boxeador interpretado por Sylvester Stallone no filme de 1976.

Aprender a enriquecer custa caro. A credencial mais barata, bronze, sai por 718 reais no dia, ou doze parcelas de 59,85 reais. Ela dá acesso a uma cadeira no fundo do Coliseu Convention e nenhum coffee break. Ganhei desconto pagando meu passe com antecedência de dois meses: seiscentos reais para ser prata, com lugares melhores no espaço. Há ainda as modalidades ouro e, a melhor de todas, diamante, que contempla poltronas brancas na frente do palco e um dia de mentoria com Janguiê e outros convidados. Investimento de 9467 reais.

A estética é de balada: música techno nas caixas de som, lounge VIP para quem pagou mais e luzes piscantes ricocheteando pelo salão. Autor de *Seja um fodido obstinado*, Janguiê convoca o público a ficar de pé e acompanhá-lo na "dancinha dos guerreiros": mãos para a frente e para trás, como se estivessem todos remando enquanto repetem "avante". Em outro momento, incentiva Valdirene, uma espectadora diamante, a dizer que será a primeira bilionária da família, tal qual "um guerreiro imparável".

Parar não é uma opção, diz. "Durante muito tempo, ser pobre era bonito, e ser rico era ligado a coisa ruim." Segundo o empresário, isso acontecia porque muita gente fazia "interpretações inadequadas, literais", da Bíblia. Só que se Deus não deseja que seus filhos desfrutem da riqueza nesta temporada carnal, mas tão só na vida eterna, por que tantos personagens bíblicos acumulam tesouros?

Pululam precedentes de homens materialmente bem-sucedidos nas Escrituras. Abraão tinha fartura de gado, prata e ouro. Salomão sozinho recebia todo ano 23 toneladas de ouro, fora tributos. "Veja você que mente empreendedora ele tem", diz Josué Valandro Jr., líder da Igreja Batista Atitude, frequentada pela ex-primeira-dama Michelle Bolsonaro.

Muitos, admite Janguiê, vão jogar na cara Mateus 19,24, que diz ser "mais fácil um camelo entrar pelo buraco de uma agulha do que um rico entrar no Reino de Deus". Ele dá seu parecer sobre um dos versículos mais populares para condenar o excesso de posses. Para entrar na antiga Jerusalém, era preciso atravessar um buraco na muralha tão estreito que só um camelo por vez passava. A metáfora vem daí: bens materiais eram como um excesso de bagagem na vida espiritual, e quem se apegasse a eles perigava ficar para trás.

Há ainda a parábola do jovem rico. Jesus não se comove, nas pregações que lhe foram atribuídas no Evangelho de Mateus, com esse rapaz tão zeloso dos mandamentos divinos. "Se queres ser perfeito", aconselha-o, "vai, vende os teus bens e dá aos pobres, e terás um tesouro nos céus. Depois, vem e segue-me." O jovem, que possuía muitas propriedades, não se entusiasmou com a proposta. "Então Jesus disse aos seus discípulos: 'Em verdade vos digo que o rico dificilmente entrará no Reino dos Céus'."

O pastor Claudio Duarte resume a moral da história sob a ótica do empreendedor cristão: "Ganhe a terra sem perder o céu. O lance não é largar mão da riqueza nesta vida, é não a colocar jamais acima dos planos do Senhor para você", instrui. Se Ele quisesse que a humanidade vivesse na penúria, por que nos mandaria exemplos como Abraão e Salomão? "Na nossa vez é que vamos nos lascar? Não sei de onde tiraram essa loucura."

O Christ Summit foi atingido por fogo amigo antes de acontecer. Muitos evangélicos atacaram os preços exorbitantes do evento que prometia desbloquear "o potencial divino para prosperidade financeira", a ponto de dois convidados cancelarem sua participação. "Nós fomos doutrinados a pensar que riqueza é pecado", lamenta Pablo Marçal, o coach que um ano e meio antes havia liderado uma expedição a uma montanha no interior de São Paulo, um treinamento motivacional para que seus seguidores entendessem o valor de correr riscos. Acabaram todos tendo que ser resgatados pelo Corpo de Bombeiros. Meses depois do fiasco nas alturas, Marçal se lançou a uma candidatura para a Presidência da República, que foi abortada no curso eleitoral.

Na convenção em Alphaville, ele repreende quem apedreja os cristãos interessados em engordar a conta bancária. "Você não pode falar um minuto que alguém vai falar de Teologia da Prosperidade, vai te chamar de jovem rico." Acha isso um saco. Prefere focar na descrição que o livro do Apocalipse oferece para Nova Jerusalém, a cidade que Deus fará para os fiéis. Suas ruas serão de ouro. Segundo Marçal, a mensagem é claríssima: "A riqueza tem que ser dominada e ficar sob os seus pés". Só não pode subir à cabeça.

Outros palestrantes sobrepõem mais princípios bíblicos à bonança financeira e dão um toque de coach a seus ensinamentos. "Nunca foi sorte, sempre foi Jesus", afirma o empresário Kaká Diniz, mais conhecido por ser o marido da sertaneja Simone, ex-parceira de Simaria. O pastor André Fernandes, da Igreja Batista Lagoinha, menciona a importância de pensar grande. "Todo mundo achava Noé estúpido até as primeiras gotas caírem." Aí a arca que o patriarca bíblico construiu a mando de Deus passou a ser tida como visionária. O investidor João Kepler pareia a lei da semeadura ao mundo dos negócios. O empresário não deve usar as duas mãos para plantar e colher, ele ensina. O certo é plantar com duas mãos e colher só com uma. "O que você faz com a outra? Continua plantando, continua investindo."

Pastor influente no meio, Claudio Duarte se imbuiu de uma missão complicada: "Hoje venho falar de algo que é muito difícil de falar no tal ambiente religioso, que é a prosperidade". Mas a lição que fica é simples, diz. "Eu só vim falar para você ser muito feliz e ganhar um monte de dinheiro, e se você não gosta de dinheiro, depois eu mando meu Pix."

A meta de ganhar um monte de dinheiro, aliada ao impulso evangelizador de alcançar mais almas para Jesus, gerou um mercado que começou forte na área de livros, CDs e DVDs, e que hoje se espraia por toda sorte de mercadorias. As feiras temáticas são um microcosmo à parte dessa potência empreendedora.

Em 2011, fui à minha primeira, a ExpoCristã. Em meia hora de caminhada pelo pavilhão que a sediou, recebi panfletos sobre poltronas "confortex" para cultos, consórcio com créditos de até 300 mil reais para igrejas, pacotes turísticos para Aruba e Israel, stand-up comedy cristão, o parque de diversão Beto Carrero, filmes, livros, gravadoras e as mais diferentes versões da Bíblia. Bancos como o Bradesco, fundado pelo evangélico Amador Aguiar, oferecem serviços especializados para essa clientela, de auxílio-funeral a previdência privada para pregadores. Um dos pastores com quem conversei, Jabes Alencar, me disse que "só uma pessoa ignorante [acha que] fé e lucro não podem caminhar do mesmo lado. A pessoa está dizendo que quem tem fé é alienígena. Mas são pessoas que comem, vão ao banheiro, ao restaurante, vestem, consomem".

Voltei no ano seguinte para escrever, para a *Folha de S.Paulo*, uma reportagem sobre a feira que havia movimentado 100 milhões de reais, segundo sua organização. Parei num estande, Cocktail Gospel, para degustar um copo de Beijo de Judas, que sai por quatro reais. O drinque de caju, maracujá, grenadine e leite condensado, naturalmente zero álcool, é apenas um dos refrescos da indústria ligada ao consumo dos religiosos.

Essa história começa no primeiro ano do século XXI. Dois empresários do ramo de livrarias evangélicas, Eduardo Pacheco e Eduardo Berzin, divulgam a intenção de realizar a primeira feira evangélica do país. Ela acontece no ano seguinte, em São Paulo, e recebe o nome de Ficoc (Feira Internacional do Consumidor Cristão). "Começou de forma tímida, com alguns estandes e atrações", rememora Marcelo Rebello.

Marcelo e eu já nos cruzamos pelo caminho algumas vezes na última década. Nunca o vi sem chapéu. Loiro de olhos azuis, com uma feição desbotada que o faz parecer estrangeiro, tem predileção por um modelo vintage, o Pork Pie, de aba curta e copa achatada, tal qual uma torta. Ele presta consultoria de gestão para igrejas desde 1992. Com a esposa, Luciana Mazza, fundou uma agência de marketing cristão. Em 2012, o casal lançou a própria feira, que seguiu a sina de praticamente todos os eventos do tipo e foi a pique.

Em 2022, Marcelo migrou para outra área, de esporte urbano. A família toda, na verdade. Os dois filhos, menores de idade, estão metidos no *breaking*, o estilo de dança de rua famoso pela rotação do corpo com apoio somente da cabeça, com as pernas para o alto. Mas ele ainda é presidente da Abrepe (Associação Brasileira de Empresas e Profissionais Evangélicos). Não que a associação possa ser tomada como uma representante ampla desse setor. A radical horizontalização da cena evangélica, sem uma hierarquia que homogeneíze normas para o segmento, pode confundir quem é de fora. É relativamente comum ver um líder mais expressivo se vendendo como presidente do conselho nacional de pastores. Mas existem vários conselhos similares, e nenhum fala pelo todo evangélico.

Sem informar sua metodologia, a Abrepe estima que o mercado evangélico tenha movimentado cerca de 21,5 bilhões de reais em 2018 e 24,5 bilhões de reais em 2019. Pelas projeções da associação, a erupção da Covid-19 derrubou o fluxo para 15 bilhões de reais, com recuperação lenta no ano seguinte, de 1,5 bilhão de reais a mais. "Os fiéis deixaram de comparecer aos templos, diminuindo a venda por impulso e aumentando, por outro lado, as vendas on-line", afirma Marcelo.

Marcelo se recorda da primeira grande cizânia no circuito, em 2004, quando os dois Eduardos que cuidavam da Ficoc, a feira pioneira, se desentenderam. "Foi uma guerra", diz. A Expo Cristã, até hoje o nome mais forte do gênero, surgiu como costela dessa feira seminal. Mas a própria marca já passou por vários donos, alguns quebra-paus e uma tragédia: em 2013, Eduardo Berzin, seu idealizador, foi conferir uma nova concorrente no mercado, infartou e ficou em estado vegetativo por três anos, até morrer.

A competição pode ser fratricida entre irmãos evangélicos. "Estou in-dig-na-da", estrebucha Luciana Mazza numa padaria no edifício Copan, o mais simbólico do centro de São Paulo. Ela e Marcelo idealizaram uma feira de negócios própria, o Salão Internacional Gospel. Sua quinta edição deveria acontecer em 2017. O motivo do nosso encontro, em outubro daquele ano, era Luciana querer fazer uma denúncia. Dias antes, ela celebrou seus 42 anos numa delegacia. Pagou 423,92 reais para registrar em ata notarial a acusação segundo a qual a Expo Cristã, sua concorrente direta, teria usado uma foto promocional do Salão como se a imagem fosse de sua própria feira.

Luciana causou o primeiro rebuliço ao compartilhar na internet um vídeo que gravou no celular. Com um cachecol de plumas azuis, o cabelo de um amarelo gema de ovo preso num rabo de cavalo, ela lança um olhar sério e diz: "Irmãos, meu motivo de estar aqui seria para, primeiramente, agradecer às inúmeras manifestações que recebi pelo meu aniversário. Mas não estou aqui por um motivo bom".

Luciana é jornalista de formação, com passagem pela editoria policial do jornal *O Globo*. Migrou para o outro lado do balcão do ofício, a assessoria de imprensa, e está no vídeo tentando emplacar uma pauta. "A palavra de Deus manda perdoar, mas ser crente não é ser demente", afirma.

O alvo de sua fúria, Adriana Barros, é uma filha de feirantes que vendia chocolates na rua quando criança. Chegou aos anos 2000 liderando a Rede do Bem Group, com quilometragem em comunicação e serviços. Em 2017, a empresa adquiriu os direitos sobre a marca da Expo Cristã.

Adriana me recebe em seu escritório, com reproduções de Alfredo Volpi nas paredes forradas de veludo bege. Rivaliza em idade e loirice com Luciana. Oferece uma garrafa de água mineral italiana antes de debochar da acusação de ter se apropriado indevidamente da foto da concorrência. "Ainda existe essa feira?"

Deixa de existir naquele ano, após o cancelamento de um patrocínio público de 400 mil reais. A queda da inimiga faz Adriana ficar exultante. "Não te disse que essa feira não iria sair, meu amor!!!!", ela me escreve tão logo fica sabendo da notícia, pelo site de fofocas O Fuxico Gospel.

O casal Luciana e Marcelo emite um comunicado para informar a descontinuação da feira. "Pena que grande parte da liderança e dos players que compõem este mercado hoje estejam corrompidos pela falsa teologia da prosperidade, pelas heresias, pela ganância", eles dizem na nota. "Fomos agredidos [...] de forma voraz e antiética pela concorrência, apoiada por estes falsos profetas e [...] chegamos à conclusão que 'cada mercado tem a feira que merece'."

A Expo Cristã foi inaugurada com um café da manhã que contou com João Doria e Geraldo Alckmin, então prefeito da capital paulista e governador de São Paulo. O salão tem lustres simulando cristal em decoração assinada por Andrea Guimarães, profissional que presta serviço "para todos os tops da [revista] *Caras*", na definição de Adriana.

Há, entre as atrações da feira, os youtubers do canal Crente Que É Gente e um "coach cristão" que cobra 997 reais para ajudar pastores a animar fiéis desmotivados. Um expositor negocia máquinas de cartão de crédito e débito customizadas para igrejas, serviço batizado de Dízimo Fiel.

Quatro anos antes, o Grupo Globo tentara tirar uma lasca desse mercado. Pergunto a Silas Malafaia, o líder da Assembleia de Deus Vitória em Cristo, presente no evento para pastores que abriu oficialmente a FIC (Feira Internacional Cristã), organizada pelo braço de eventos da Globo, sobre a entrada de uma corporação dessa magnitude no nicho.

"Aqui não tem negócio de amiguinho, é business, é um mercado de milhões de pessoas. Eles são uma empresa, estão de olho nisso", Malafaia me responde, de olho no pão de queijo quentinho recém-servido na sala (pegou dois). Logo rumamos para os corredores do centro de convenções, onde damos de cara com o que um pastor da comitiva brinca ser a "Crente Fashion Week": "saias cristãs" (todas abaixo do joelho), da grife Quinta da Glória, e camisetas com estampas que parodiam o logo da Coca-Cola ("Pecado Zero: viva o lado santificado da vida") e do chocolate Prestígio ("Jesus Cristo: quem anda com ele tem prestígio").

O saldo de público foi considerado chocho: 43 mil pagantes. Edições anteriores tiveram cinco vezes isso. "Dava para andar de patins na feira deles", alfineta Luciana Mazza. A FIC não teve uma segunda chance.

Um pastor amigo de Malafaia certa vez comparou a relação dele com a Globo com aqueles monitores cardíacos que traduzem em linhas frenéticas alguma palpitação fora de ordem. O pastor carioca já esculhambou muito o conglomerado midiático. "A emissora oficial da Igreja", dizia, ainda no século XX, sobre o favorecimento que os veículos de comunicação da casa davam aos católicos. Anos depois, a eleição do aliado Jair Bolsonaro, um detrator serial da Globo, voltaria a azedar a interação entre as duas partes.

No começo dos anos 2010, contudo, a Globo e o pastor tiveram uma reaproximação. Malafaia me contou, então, que se reuniu com João Roberto Marinho, vice-presidente do grupo, e sugeriu um festival de música cristã. A empresa, na época, confirmou o encontro e reforçou "a intenção antiga de se aproximar mais do segmento gospel". O Festival Promessas, de música evangélica, prometia muito. O jornalista Luiz Gleiser, diretor do núcleo global responsável pelo evento, dizia estar pronto para "reviver a epifania" que teve nos anos 1990, quando detectou a existência de uma audiência ávida pelo sertanejo — o gênero logo dominaria as paradas de sucesso do país.

Seria impensável, num passado não tão distante, imaginar o maior grupo midiático do país afobado para incluir evangélicos em sua programação. Mas aconteceu. A Marcha para Jesus, maior evento do calendário pentecostal na América Latina, que arrasta multidões para as ruas, hoje é noticiada no *Jornal Nacional*. Como também o foram os cem anos da Assembleia de Deus no Brasil, em 2011. Telenovelas globais passam a contar com personagens evangélicos, ainda que de uma forma caricatural nem sempre apreciada. Em 2022, o canal anunciou *Vai na fé*, sua primeira trama com protagonista evangélica, que ocupou a faixa das dezenove horas e alavancou a audiência no horário.

O interesse pelos evangélicos ganhou tração na última década e meia, e nesse sentido o Promessas asfaltou um caminho já aberto para músicos gospel na TV. O ano de 2010 dividiu águas. Num feito inédito, cinco álbuns gospel entraram na lista dos vinte discos mais vendidos no Brasil. Naquele mesmo ano, a pastora Ana Paula Valadão levou sua banda, a Diante do Trono, já um sucesso absoluto nas igrejas, pela primeira vez ao *Domingão do Faustão*.

Olhando para cima, como se falasse com Deus, ela cantou um louvor enquanto as bailarinas do programa faziam uma coreografia bem mais discreta do que os números espevitados de praxe. Durante a participação, que durou quinze minutos, Faustão adotou um tom introdutório, como se fosse preciso esclarecer à audiência o que uma crente estava fazendo ali.

"Tá na hora de deixar também, cada um de nós, o preconceito de lado", discursou o apresentador. "Cada um tem direito de escolher a religião que quiser, o time de futebol que quiser, a opção sexual que quiser. Se a gente ficar sentado em cima do próprio rabo e ficar só criticando, enchendo o saco dos outros, você vai arrumar um monte de confusão."

Faustão incentivou Ana Paula, de uma família mineira de pastores de alcance nacional, a explicar quem pode ser o público-alvo do gospel. Quem mais, além de evangélicos? Um católico? Um ateu? De porte físico mignon, com um laço preto sobre as madeixas alisadas e curtas, olhos bem marcados por maquiagem escura, ela fala com uma cadência agradável, sempre sorrindo.

O que ela entoa são "orações cantadas", diz.

Todo mundo pode ouvir? Pode. Mas eu quero te dizer uma coisa, é um pouco perigoso. Porque quando a gente começa a ouvir sobre o amor de Deus, sabe, vai enchendo nosso coração. Jesus disse que o Reino de Deus é como fermento, que um pouquinho colocado na massa leveda a massa toda. Você começa a ouvir, aquilo vai amolecendo o coração, daqui a pouco você está chorando sem saber por quê. Aí, quando vai brigar com a esposa, chutar o cachorro, de repente fala "não, eu não posso", começa a sentir uma paz que não tinha antes.

Ana Paula já era uma superpotência comercial quando a emissora decidiu que era hora de recepcioná-la num dos seus carros-chefes da grade. As portas do mercado secular enfim se abriam à turma do gospel, quase duas décadas após o apóstolo Estevam Hernandes dar contornos mais mercadológicos ao nicho. Profissional da área do marketing, ele traçou uma estratégia para profissionalizar a música evangélica ainda nos anos 1980.

Estevam fundou sua igreja, a Renascer em Cristo, na segunda metade da década, e logo encasquetou com certo ar mofado do cancioneiro cristão típico daqueles tempos. Era tudo muito careta. Com a ajuda de um bispo publicitário, Antônio Abbud, se propôs a reformular o modelo de evangelização para atingir um número maior de pessoas. Quem conta é Adailton Moura, que investiga o tema no livro *A indústria da música gospel*.

O dono da Renascer recorre ao marketing pesado.

O primeiro passo foi arrendar oito horas de programação na rádio Imprensa de São Paulo. A exposição na emissora o fez conhecido. Nos programas, ele dava prioridade a músicas evangélicas internacionais por considerar as nacionais "muito ruins". E para que elas fossem bem recebidas, Estevam Hernandes passou a chamá-las de gospel. Abbud fez todo o planejamento.

O apóstolo rebate a ideia de que, como alardeava Raul Seixas, o rock era do diabo, "e os crentes acreditavam na conversa do Raul". Aposta em bandas de rock cristão, como Katsbarnea e Oficina G3. Para a primeira, compôs hits como "Extra, extra", campeã do Fico (Festival Interno do Colégio Objetivo). A arquitetura evangélica precisa se acomodar à visão de fé vislumbrada por Estevam. "Ele mudou o ambiente de culto para torná-lo mais agradável aos visitantes atraídos pela música e desacostumados com os ritos da igreja. O púlpito se transformou em palco, estruturado com luzes coloridas, neon e fumaça", afirma Moura.

O bispo Edir Macedo entra no jogo em 1991, com a Line Records, gravadora sob guarida da sua Igreja Universal do Reino de Deus. O selo foi responsável por lançar cantores que se tornariam referência no estilo. Alguns haviam despontado no show de calouros de Raul Gil, apresentador da Record, a emissora de Macedo, e líder de audiência naquela virada de século. É o caso de Robinson Monteiro, o Anjo, que encontrei anos depois no reality show bolado por Silas Bitencourt. Com DEUS ACIMA DE TODOS escrito em pedraria reluzente na camisa, o cantor me disse que via um propósito no programa que transbordava a competição em si. "As pessoas precisam saber que a Igreja também se diverte."

Mara Maravilha é outra participante do Culto da Resistência contratada pela gravadora de Macedo, que atraiu artistas convertidos que trocaram música secular por gospel. A sertaneja Sula Miranda e os pagodeiros Salgadinho (ex-Katinguelê) e Régis Danese (ex-Só Pra Contrariar) também entraram no bonde.

"Apesar de ter uma grande instituição na retaguarda e artistas que movimentavam boa parte dos rendimentos gospel, a Line Records não conseguiu vencer as dívidas e as disputas de poder", afirma Moura. Ela afundou em 2012. Macedo caiu atirando. "Não vou errar se falar: 99% desse pessoal que canta por aí é tudo endemoniado, tudo perturbado", disse o líder evangélico na época. "O diabo também promove dentro da igreja grandes cantores, cantoras e que fazem grandes sucessos, mas aquele sucesso é justamente uma mensagem subliminar para iludir os crentes."

A barafunda envolve peixes grandes do segmento. Ana Paula Valadão foi tida como um dos alvos de Edir Macedo. Silas Malafaia, que tem a Central Gospel Music, tomou suas dores. "O povo não percebe o que está por trás. É que a gravadora [Line Records] dele não está com nada. A gravadora dele está dando prejuízo há anos." Ao dizer que "o jogo é comercial", o pastor se referia à entrada de Ana Paula no quadro da Som Livre, selo do Grupo Globo, concorrente direto da Record.

Foi nesse período que as grandes gravadoras acordaram para a mina de ouro que havia sob seus narizes. A sonolência acabou por motivos óbvios. Ora, elas estavam apanhando com a crise na indústria fonográfica. Aqueles artistas que ignoravam eram bons de venda, e, como bônus, seu público era menos dado a comprar cópias não originais. A pirataria ameaçava fulminar a indústria fonográfica. Não que evangélicos nunca caíssem em tentação, mas havia um discurso, nas igrejas, colérico com as falsificações.

Álbuns do estilo vinham com uma etiqueta na contracapa, lembra Moura: PIRATARIA É CRIME E PECADO. Uma referência do livro bíblico de Jeremias complementava o aviso: "Ai daquele que constrói a sua casa sem justiça, e seus aposentos sem direito, que faz o seu próximo trabalhar de graça e não lhe dá o seu salário". Até o bispo Edir Macedo já passou um pito em quem incorre na prática. "Elimine a mentira da sua vida, não adquira nada que seja pirateado, porque você estará compactuando com o próprio diabo ao fazer isso", litigou em mensagem na Rede Aleluia, rádio ligada à Universal.

Em 2010, a Sony Music colocou um pezinho nessa terra prometida e inaugurou um departamento especializado em gospel, o ritmo importado dos Estados Unidos, mais particularmente do cancioneiro de igrejas negras locais. Conversei com seu diretor à época, Maurício Soares, que levantou o perfil desse consumidor. "O evangélico lê mais, cerca de sete livros por ano. E as rádios do segmento, na maioria, são líderes do tempo médio de audiência." Ou seja, o fiel fideliza mais. Quem não quer um cliente assim?

Yvelise de Oliveira não quer se gabar, mas diz que eles davam um banho nos concorrentes seculares. "Superamos as dificuldades muito mais rápido que o restante [da indústria fonográfica]", declara a então presidente da maior gravadora gospel do país, a MK Music, que já representou de Aline Barros (uma Ivete Sangalo do meio, em termos de popularidade) a Flordelis (que depois viraria deputada federal e condenada na Justiça por participação no assassinato do marido pastor). "É um mercado extremamente fiel. Tratam CD como se fosse Bíblia, e não deixa de ser uma Bíblia cantada."

A realidade foi menos misericordiosa. O diagnóstico de Yvelise foi preciso, mas faltou considerar que a maioria das gravadoras focadas no gospel, com estruturas prosaicas, não soube lidar com a transição do formato físico (o CD) para o digital (streaming) e eventualmente fechou. A verdade é que o avanço de gigantes do mercado fonográfico incomodou quem já havia muito trabalhava no campo. Falei com Yvelise logo após entrevistar Maurício, da Som Livre, e ela não estava nada contente com o que enxergava como oportunismo das gravadoras que nunca haviam dado trela para o segmento evangélico. "O mercado deles não está bem. Sony, Som Livre... Acharam que somos um filão para explorar. Pegam nosso cantor e acabam [com ele], um horror."

Yvelise, então uma sexagenária de cabeleira alourada artificialmente e rosto esticado por um rolo compressor de procedimentos estéticos, tinha ao mesmo tempo noção de que o gospel brasileiro não podia ficar atrelado a uma imagem mofada de evangélicos com Bíblia sob o sovaco, mulheres de cabelo até o pé e nenhuma maquiagem. Em teoria, o crente não deve jamais se submeter à iconoclastia do show business. Havia, no entanto, um entendimento sobre o padrão estético do artista de Deus. "Cantor tem que ser bonito porque a imagem vende. Se não for, pelo menos tem que estar bem cuidado. Minhas cantoras fazem dieta quando engordam, porque dou ataque. Nunca achei que isso pudesse entrar em choque com minha igreja. Se são filhos de Deus, eles têm que ser pessoas que mostram que são felizes."

São filhos de Deus ainda mais em júbilo com a nova vitrine. É uma dupla vitória. Comemora-se a difusão da mensagem evangelizadora para o maior número possível de pessoas, e não dá para fingir que o arranque financeiro é o de menos. A exposição alavanca vendas, um efeito colateral muito bem-vindo.

Ganhar dinheiro, afinal, não é pecado algum. Ao longo de todos esses anos, mais de um pastor evocou a sociologia de Max Weber para fundamentar a busca pouco acanhada pelo lucro. Não deixa de ser uma visão caricatural do nexo que o alemão observava entre condutas protestantes e o éthos capitalista. O texto mais famoso de Weber, *A ética protestante e o espírito do capitalismo*, da primeira década do século XX, aponta "afinidades eletivas" entre esses dois polos. Para fazer essa associação, o sociólogo analisa ideias publicadas por Benjamin Franklin, o do rosto estampado nas notas de cem dólares. Franklin, além de ter ajudado a liderar a Revolução Americana, foi um camarada preocupado em promover as benesses do lucro e o tal "espírito" do capitalismo.

Franklin lançou, na primeira metade do século XVIII, o *Poor Richard's Almanack*, repleto de máximas para incentivar o homem a ser um bom trabalhador, sustentar sua família e levar uma vida frugal. O libelo doutrinário, que ele publicava sob o pseudônimo Richard Saunders, acabou se tornando uma das obras mais populares da América colonial. Ali prescreveu pílulas como "*early to bed and early to rise makes a man healthy, wealthy, and wise*" — perde-se um pouco da graça na tradução, mas lá vai: "dormir cedo e levantar cedo torna o homem saudável, rico e sábio".

Dois textos em particular interessam a Weber. Um, de 1736, contém "dicas necessárias" para quem quer ficar rico. Outro, de 1748, um "conselho a um jovem comerciante". Neles, Franklin exercita um tônus ético para sustentar o capitalismo, como explica Ricardo Mariano, um dos principais sociólogos da religião no Brasil. A partir de princípios calvinistas, presbiterianos, metodistas, batistas e de outros grupos protestantes dos séculos XVI e XVII, o americano prega uma bússola ética que nos encaminhe ao ascetismo e ao hábito de poupar. "Franklin preconiza que o indivíduo se dedique ao cumprimento da vocação profissional, busque enriquecer mais e mais e, simultaneamente, mantenha conduta ascética, evitando gastos (de tempo e dinheiro) supérfluos, despesas fúteis, ostentação e gozo das riquezas", afirma Mariano.

Weber analisa, ainda, textos de Richard Baxter, um teólogo puritano que viveu no século XVII e defendia a labuta como forma de glorificar a Deus. Suas palavras, segundo Mariano, "exortam que todos, ricos e pobres, devem trabalhar duro, e condenam a inação e a perda de tempo, considerando-as pecaminosas". Reprovam o gozo da riqueza, a ostentação, o luxo, o prazer carnal, o ócio e o sono excessivo. Recomendam sobriedade, ascese sexual, afastamento de prazeres mundanos (festas, bares, teatros) e uma conduta moderada em todos os momentos da vida.

As práticas cotidianas do chamado evangélico histórico — o movimento pentecostal não existia ainda quando Weber escreveu sobre o assunto — reforçavam a premissa do lucro como virtude. Para Weber, essas crenças relativamente novas, se comparadas à milenar Igreja Católica, influenciaram o racionalismo econômico burguês. Chegou uma hora, contudo, que o capitalismo achou por bem se emancipar de seus velhos suportes religiosos. Não carecia mais do aval deles.

A velha ética protestante pouco tem a ver com os anseios materiais e profissionais dos evangélicos brasileiros, avalia o sociólogo Ricardo Mariano. "As igrejas que mais enfatizam o empreendedorismo e prometem infindas bênçãos de prosperidade e enriquecimento estão a anos-luz de distância da ética discutida por Weber. São, sobretudo, igrejas que pregam a controversa Teologia da Prosperidade, muito criticada, aliás, em igrejas do protestantismo histórico."

O fruto pentecostal, nesse sentido, caiu longe da árvore protestante. Para os ramos mais tradicionais da religião, o ideário consumista propagado por pastores contemporâneos é uma gangrena no espírito da Reforma Protestante. A Teologia da Prosperidade prega que se pode contar com Deus para conquistar sucesso material, mas sem o ascetismo de outros tempos. Assegura que é possível trazer para o plano terrestre o prometido show pirotécnico do fim do túnel.

A doutrina dos prósperos fica evidente em "testemunhos televisivos com imagens de mansões e carros de luxo como recompensas divinas a quem pagou dízimos fielmente e deu ofertas à igreja com desprendimento", exemplifica o sociólogo Mariano. Essa turma, que tem na Universal do bispo Macedo um farol, defende o empreendedorismo como solução individual para a superação da pobreza. "Nesse sentido, estão muito mais próximas da ideologia neoliberal, que responsabiliza principalmente, se não exclusivamente, os trabalhadores por seus êxitos e fracassos econômicos, sua situação financeira, suas condições materiais de vida."

Que espécie de Deus, afinal, faria o homem "para ser miserável"? É o que questiona o bispo Robson Rodovalho, da Sara Nossa Terra, uma das igrejas entusiastas da Teologia da Prosperidade. "O homem não pode aceitar a pobreza como determinação de Deus para sua vida. Miséria não é castigo pelos pecados que cometemos, é maldição. Logo, devemos lutar contra ela de todas as formas."

Esse novo vetor do pensamento evangélico inspirou trocadilhos como "templo é dinheiro", e a abertura de filiais da fé em cada esquina. Em entrevista à revista *Veja* em 1997, o pastor José Wellington Bezerra da Costa, por anos presidente da Convenção Geral das Assembleias de Deus no Brasil, ironizou (verbo usado pela publicação): "Onde tem Coca-Cola, Correios e Bradesco tem uma Assembleia de Deus".

Os anos de ascensão não livraram por completo o segmento da síndrome de patinho feio, bem sintetizada numa frase que vira e mexe é repetida pelo bispo Edir Macedo: "Ninguém bate em cachorro morto. Nós somos como omelete, quanto mais batem, mais a gente cresce".

Quando o apóstolo Estevam Hernandes realizou a primeira Marcha para Jesus, em 1993, os evangélicos não chegavam a 10% da população. Sentiam-se, não sem alguma razão, perseguidos e pouco levados a sério. Encontravam alguma representação em spots comprados na grade televisiva, ou na Rede Record, vendida para o bispo Macedo em 1989. Quando apareciam na mídia tradicional, eram quase sempre achincalhados. Os exemplos faziam fila. Jornais se recusavam a reconhecer os títulos que líderes evangélicos clamavam para si, colocando-os entre aspas: o "apóstolo" fulano, o "bispo" sicrano. Nada semelhante ocorria no tratamento concedido ao Vaticano.

O Globo, em sua edição dominical de 30 de junho de 1991, deu uma amostra dessa seletividade em uma reportagem que ocupou uma página inteira do jornal impresso: "BISPO" MACEDO NA COVA DOS LEÕES. As feras que queriam pôr suas garras no "líder espiritual" (aspas de novo) eram o Banco Central, a Receita Federal e a Polícia Federal. Ora, boa coisa esse camarada não podia ser, sugeriam os códigos visuais e textuais da matéria.

O pastor Ronaldo Didini tem fotos com o bispo Macedo em Jerusalém (os dois com lenços árabes cobrindo a boca), em seu escritório na frente do Hospital do Coração, no Paraíso (zona sul paulistana). Quando conversamos, em 2012, Didini era o braço direito de um ex-braço direito do cabeça da Universal, o apóstolo Valdemiro Santiago, que usa chapéu de vaqueiro (réplicas à venda em seu site por 54,90 reais) e lidera a Igreja Mundial do Poder de Deus. "Todo mundo achava que bispo tinha que ter aspas, porque o de verdade só na Igreja Católica", ironiza.

Não que não houvesse investigações legítimas a serem feitas sobre o boom das igrejas evangélicas. Mas a régua, reclamavam pastores e fiéis, não era capaz de medir um meio tão plural, pulverizado em milhares de igrejas, sem um poder central como o da Cúria Romana. A mensagem era de um paternalismo triste: se você é crente, ou é por malandragem (as lideranças) ou por ingenuidade (fiéis vulneráveis à falta de escrúpulos delas). Alguns ataques seriam deliberados. Outros, frutos da ignorância de equipes jornalísticas com poucos ou nenhum profissional evangélico — realidade renitente nas redações de grandes veículos.

Ainda hoje, jornalistas destacados para cobrir eventos na área, de outras religiões ou nenhuma, se confundem com expressões e hábitos típicos desse círculo religioso. Reportagens da GloboNews sobre o festival Promessas, por exemplo, aplicaram termos como "fãs" e "ídolos" para se referir a público e artistas. A mídia secular conseguia meter os pés pelas mãos mesmo quando apresentava matérias positivas. Na prática, muitos cantores gospel se portam como pop stars, e boa parte da plateia, como tietes ensandecidos. Mas a crença evangélica rejeita a idolatria. A própria Bíblia fulmina a ideia, argumentam pastores. No livro de Coríntios, Deus deixa claro que os idólatras não herdarão o reino dos céus. No Êxodo, alerta: "Não terás outros deuses diante de mim". Ter ídolos, portanto, iria contra os desígnios do Senhor. Daí Malafaia dizer, mesmo quando em bons termos com a Globo, que a rede "tem doutorado em tecnologia, mas em mundo evangélico é analfabeta".

Outra gafe frequente: o uso de "rezar" como sinônimo de "orar". Evangélico não reza, o que ele vê como um costume católico. O crente compreende que rezar é o mesmo que repetir uma fórmula previamente decorada para falar com Deus, como a ave-maria. Crentes gostam do pai-nosso, que aparece em dois evangelhos, o de Lucas e o de Mateus. A oração, contudo, quase nunca é entoada nos cultos. A Bíblia orienta, em

Mateus 6,7, que uma pessoa não deve usar de "vãs repetições" ao orar, "como os gentios", que "imaginam que é pelo palavreado excessivo que serão ouvidos".

Daí a predileção por "orar", vocábulo compreendido como um papo com Deus, uma conversa mais livre e íntima, sem as amarras institucionais de uma reza. Não deixa de ser uma marca de diferenciação: católicos são assim, nós somos assado.

O Observatório Evangélico, portal mantido pelo antropólogo Juliano Spyer para, nas palavras dele, "auxiliar jornalistas e formadores de opinião a conhecer melhor esse tema", publicou em março de 2022 um artigo sobre o despreparo de jornalistas para noticiar o segmento. A peça destaca a seguinte reportagem veiculada na *Folha de S.Paulo* em março de 2022: "Justiça bloqueia contas bancárias de líder da Assembleia de Deus". Falava sobre o pastor José Wellington Bezerra da Costa, de um ministério assembleiano poderoso, Belém, baseado em São Paulo. No miolo da matéria, contudo, há a foto de um templo de outra corrente da Assembleia, Madureira. Fica em Brasília.

> O jornal coloca a foto de um grupo opositor àquele, e, para o leitor que entende do assunto, a notícia perde a força porque fica claro que o jornalista não sabe ou não sabe bem do que ele está falando. Demonstra o desconhecimento das dinâmicas internas do grupo — e também da geografia do país! É como falar de um partido e ilustrar com a foto de um outro, ou, exagerando no contexto religioso, é como falar de xiitas e colocar uma foto de sunitas.

Dá para inferir que são todos erros não propositais. Bem diferente do que acontecia antes, quando a má vontade era deliberada. A birra maior, segundo pastores, vinha do Grupo Globo, gerido por uma família de tradição católica, que cedia gratuitamente espaço na programação para a transmissão de missas do clero romano. O catolicismo também estava no conteúdo jornalístico e na ficção, vide o pastor pilantra interpretado por Edson Celulari na minissérie *Decadência*, escrita por Dias Gomes e exibida em setembro de 1995. Muita gente pensou que a inspiração para aquele protagonista só podia ser Edir Macedo. O bispo se irritou, e a *Folha Universal*, jornal de sua igreja, produziu editoriais caindo em cima da rede. De DESESPERO: A "FANTÁSTICA" GLOBO ESTÁ EM DECADÊNCIA para baixo.

As igrejas ficaram ainda mais na defensiva depois que um bispo da Igreja Universal chutou uma imagem de Nossa Senhora Aparecida, padroeira do Brasil para os católicos, e bem no dia dela, 12 de outubro daquele mesmo 1995. Sérgio Von Helder apresentava seu *Despertar da Fé*, programa televisionado pela Record, quando golpeou a estátua.

> Estamos mostrando às pessoas que isso aqui, ó, isso aqui não funciona, isso aqui não é santo coisa nenhuma, não é Deus coisa nenhuma. Quinhentos reais, meu amigo, cinco salários mínimos, é o que custa nos mercados essa imagem — e tem gente que compra! [...] Será que Deus, o criador do universo, pode ser comparado a um boneco desses, tão feio, tão horrível, tão desgraçado?

Evangélicos refutam a veneração de imagens, como as representações de santos presentes em igrejas católicas, e acreditam que Jesus Cristo é o único mediador legítimo entre Deus e os homens. Maria, sua mãe, e seus apóstolos podem ter sido grandes nomes do cristianismo, mas tratá-los como santos seria um disparate, na visão evangélica.

O "chute na santa", como o episódio acabou ficando conhecido, tirou a Globo do sério. Cid Moreira, então âncora do *Jornal Nacional*, falava num tom mais grave do que o habitual sobre a bicuda que causou "indignação em todo o país".

Mas hoje é um novo dia de um novo tempo que começou para a Globo e os evangélicos. Nos anos 2000, a rede percebeu que não dava mais para ignorar esse público, "porque tem lhe conferido não somente um peso de formação de opinião, mas também de mercado consumidor", como me escreveu a historiadora Karina Bellotti por e-mail em 2013, quando nos falamos para uma série de reportagens que publiquei na *Folha de S.Paulo* sobre a conciliação entre o conglomerado da família Marinho e alguns pastores.

Doutora em história pela Universidade Estadual de Campinas (Unicamp) e professora da Universidade Federal do Paraná (UFPR), ela era, então, uma das poucas acadêmicas a pesquisar a relação entre evangélicos e mídia secular. Na época, eu já tinha entrevistado vários televangelistas com espaço na TV aberta. A exceção, que permanece até hoje, era o mais inatingível deles. Só conheci Edir Macedo em cima do púlpito. O primeiro encontro aconteceu numa terça-feira à noite. Foi lá que ele vociferou: "Este mundo todo me odeia. Não é verdade? É ou não é? Nos jornais, metem o cacete no bispo Macedo. Eles dizem: 'este país só vai mudar quando o bispo Macedo morrer'".

Não sei se é ou não é, mas entendo o ponto dele. "O final dos anos 1980 e o início dos anos 1990 foram marcados pelo estranhamento em relação aos evangélicos por parte da grande imprensa e das grandes redes abertas: Globo, Manchete, SBT, em especial após a compra da Rede Record por Macedo", afirma Bellotti.

> Muitos se perguntavam quem era esse grupo e como ele havia alcançado essa visibilidade. O sentido das coberturas era em geral ofensivo, de reportagens investigativas, com câmeras escondidas, entrevistas com dissidentes,

retratando de forma negativa o relacionamento entre alguns grupos de evangélicos (os chamados neopentecostais) e a arrecadação de dízimos e ofertas. Reportagens exibindo cultos da Universal em estádios, com sacos de dinheiro sendo abençoados, foram mostrados de forma demonizadora, sendo contrapostas a depoimentos de outros líderes religiosos que condenavam a prática, afirmando que isso não era cristianismo.

Chamado para ser repórter da Globo em 1981, e com crachá da casa até 2018, Tonico Ferreira reconhece o desprezo crônico pelo bloco religioso. Quando lhe pergunto sobre o tratamento que os ex-patrões davam àquela massa cristã que começava a encorpar, ele diz:

> Os evangélicos no Brasil foram esquecidos por toda a mídia, não só pela TV Globo. E foi um desconhecimento movido não por decisão editorial, mas pelo fato de a elite cultural e acadêmica ter dificuldade em acolher os valores mais conservadores da sociedade. Jornalistas tendem a achar que essas pessoas são atrasadas, burras, preconceituosas e não merecem ser ouvidas.

Tonico acha também que, de certa forma, o jornalismo dormiu no ponto. Demorou para se tocar das fissuras na hegemonia católica que chegariam como forças tectônicas nos anos seguintes. "Muito brusca e não captada por editores", a migração de fatia considerável da população para igrejas evangélicas atropelou bastante gente nas redações, afirma.

O premiado jornalista passou por TV Cultura, SBT e Globo, e também por mídias impressas, como *Folha de S.Paulo* e *Realidade*. "O que eu posso dizer é que os evangélicos foram ignorados por todos os meios jornalísticos pelos quais passei em cinquenta anos de profissão. Desde os semanários de esquerda e de oposição ao regime militar até as grandes redes de televisão do país no período democrático." O único pastor evangélico que entrevistou na vida foi Jaime Wright, "mas com temas de direitos humanos, e não religiosos". O presbiteriano conduziu, ao lado de d. Paulo Evaristo Arns e do rabino Henry Sobel, um ato ecumênico em memória de Vladimir Herzog, morto pela ditadura militar no chumbado ano de 1975.

Já perdeu a conta, por outro lado, de quantas entrevistas fez com padres, freiras e bispos católicos. Com cardeais brasileiros ele lembra. Foram sete: Hélder Câmara, Evaristo Arns, Agnelo Rossi, Lucas Moreira Neves, Cláudio Hummes, Odilo Scherer e Orani Tempesta.

Quando os evangélicos cresceram e se multiplicaram no Brasil, era como se tivessem surgido do nada. De onde veio aquela força capaz de mudar o rumo de eleições, faminta por produtos culturais que refletissem seus valores?

3.
Política

Sóstenes Cavalcante sentiu a pressão. O deputado ainda convive com as sequelas do coronavírus que quase o fez, como brinca, conhecer o Criador mais cedo do que esperava. Uma cartela de Diovan, remédio para a pressão alta que o perturba desde que contraiu a Covid-19 seis meses antes, repousa na mesa de um dos 432 apartamentos funcionais que a Câmara dos Deputados cede aos seus, um imóvel com tanta personalidade quanto um quarto de hotel com quadro de natureza-morta.

Sóstenes puxa uma oração antes do café da manhã com panetone, pão de queijo integral e um café que ele adoça com três colheres de açúcar. Ainda digere a hospitalização que lhe arrancou oito quilos em onze dias. Em junho de 2020, ele se internou no Copa Star, onde os ricos do Rio de Janeiro buscam socorro médico. Conta que escolheu a unidade VIP porque receava ser reconhecido como "parlamentar antiesquerda" e destratado num hospital público. "Por três vezes senti que ia morrer faltando ar. Eu me debatendo como quando se degola um frango e solta ele no quintal. Procurava ar e não achava, não achava", diz. "Nesse momento, lembrava do que a gente sempre fala nos púlpitos: quando você chega na força limite, é a hora que Deus começa a agir. Falava 'Jesus, me ajuda', batia com os dois pés na tampa do pé da cama. E milagrosamente voltava a respirar."

Sua mãe nunca voltou. Dezessete dias antes desta nossa conversa, Joceli Cavalcante, "serva de Deus, esposa do pastor

Eraldo Cavalcante e mãe de Sóstenes, Sulamitha e Simmy", virou uma das 190 mil vítimas brasileiras que a pandemia ceifara até ali. Morreu com 63 anos. "Tive o desafio de ter que internar os dois pais no mesmo dia. Ela saiu de casa rindo... Nunca passou pela minha cabeça que em sete dias eu estaria no cemitério para sepultar minha mãe", lamenta Sóstenes. Como acontecera com o filho meses antes, Joceli começou a se sentir mal e tomou cloroquina, o medicamento sem eficácia comprovada que Jair Bolsonaro, então presidente, defendeu ao longo da crise sanitária, chegando a oferecer caixinhas do comprimido para as emas do Palácio da Alvorada.

O vírus não é bissexto entre os membros da Frente Parlamentar Evangélica, que naquele 17 de dezembro elegeria seu presidente para o ano legislativo de 2021. Cezinha de Madureira, do Partido Social Democrático paulista, foi o primeiro titular do Congresso a contraí-lo. Representante do poderoso Ministério Madureira da Assembleia de Deus, o deputado em primeiro mandato acabou escolhido pelos pares cristãos para comandar a bancada no ano seguinte. Mas só depois de fechar um acordo com Sóstenes, também inscrito na disputa: os dois se revezariam no poder, um ano cada um. O colega gostou do arranjo que lhe daria a liderança do bloco religioso, um dos principais troncos do bolsonarismo, em 2022 — ano em que Bolsonaro, e ele próprio, tentariam a reeleição; o primeiro sem sucesso, o segundo, eleito para sua terceira temporada em Brasília.

Sóstenes estava então filiado ao Democratas carioca, mas sua presença na Casa é menos lembrada pela roupagem partidária do que por seu vínculo com o pastor carioca Silas Malafaia. Admira-o desde os anos 1990, quando era missionário na Argentina e assistia a videocassetes de Malafaia, uma estrela do televangelismo. "Nas madrugadas frias, gostava de ver Silas pregando."

Em 2007, Sóstenes trabalhou na campanha do pastor Samuel Câmara para a presidência da Convenção Geral das Assembleias de Deus do Brasil, a CGADB. Irmão do deputado Silas Câmara, que chefiou a bancada evangélica no primeiro biênio do governo Bolsonaro, Samuel lidera a Assembleia de Deus seminal no país, fundada em 1911, na capital paraense. Malafaia estava em sua chapa, derrotada pelo mais influente pastor assembleiano das últimas três décadas — José Wellington Bezerra da Costa. Eleito doze vezes para a cabeceira da CGADB, em 2017 ele emplacou o filho José Wellington Junior.

Sóstenes se deu bem com Malafaia e se juntou à sua igreja, uma das centenas de denominações sob a guarida assembleiana, a Assembleia de Deus Vitória em Cristo. A partir de 2009, o convívio foi quase diário. Lá pelo fim do primeiro mandato de Dilma Rousseff, ele recebeu o convite: você não quer se candidatar ao Congresso, não? Eram tempos promissores para a direita. O petismo sentia o chão tremer sob seus pés com as "jornadas de junho", a torrente de protestos que anos mais tarde cientistas políticos apontariam como o tranco que a extrema direita precisava para engatar até a Presidência da República. Dilma até se reelegeu em 2014, mas venceu o tucano Aécio Neves por muito pouco. No mesmo ano, o PT perdeu a dianteira entre eleitores evangélicos pela primeira vez desde a consagração do lulismo, doze anos antes.

As pautas identitárias, que ganharam tração na segunda temporada de Lula no poder, deixavam em pé os cabelos implantados de Silas, que em 2012 me revelou ter feito um "tapa-buracos" em crateras no couro cabeludo com o mesmo especialista que atendia o grão-petista José Dirceu ("mas não tenho nenhum elo com esse cidadão, pelo amor de Jesus Cristo", fez questão de frisar). O pastor desconfiava que poderia ser perseguido por conta de suas posições ideológicas, segundo Sóstenes. Mais um motivo para entronar um aliado em Brasília.

O afilhado político de Malafaia se licenciou do pastorado da Vitória em Cristo ao colher 104,7 mil votos nas urnas e se mudar para o Distrito Federal.

No dia 5 de fevereiro de 2015, ele estreou na tribuna agradecendo "o apoio importante, para que eu estivesse aqui, do pastor Silas Malafaia, pessoa por cuja vida e apoio agradeço a Deus, e o incentivo para que colocássemos o nosso nome nessa disputa eleitoral". Dali em diante, as menções à raiz religiosa se empilharam. Em 17 de outubro de 2016, quis deixar "registrados, nos anais da Casa, os meus parabéns à Assembleia de Deus Vitória em Cristo" pela abertura de um novo templo. Dois meses depois, o então presidente da Câmara e colega de partido, Rodrigo Maia, lhe concedeu a palavra no plenário. Sóstenes aproveitou o tempo para defender a honra de Malafaia, que três dias antes fora o alvo mais famoso da Operação Timóteo. A ação da Polícia Federal pinçou o nome da Primeira Epístola a Timóteo, uma passagem bíblica sobre como "alguns [por cobiçarem dinheiro] se afastaram da fé, e a si mesmos se afligem com múltiplos tormentos".

A investigação desbaratou um suposto esquema de corrupção em cobranças de royalties da exploração mineral. O nome do pastor entrou na reta porque a PF suspeitou que ele poderia ter emprestado contas bancárias de sua congregação para ajudar a lavar dinheiro para o principal escritório de advocacia envolvido na trama. Malafaia afirmou à época que recebeu uma oferta de cem mil reais de um fiel da igreja de um amigo pastor, e só. Nada que justificasse aquela "safadeza, molecagem" contra ele. "Quer dizer que se alguém for bandido e me der uma oferta, sem eu saber a origem, sou bandido?"

Em março de 2017, o colunista Guilherme Amado relatou, em *O Globo*, que o advogado investigado inocentou Malafaia em sua delação premiada: disse que o cheque de cem mil reais não era propina ou lavagem de dinheiro, mas oferta religiosa mesmo. O pastor, que chegou a ser indiciado sob a acusação de que "se locupletou com valores de origem ilícita", trovejou no Twitter: "Tenho um advogado poderosíssimo, nunca perdeu uma causa, o nome dele é JESUS CRISTO. Aguardem o final dessa história, a verdade prevalecerá". Também associou a divulgação da notícia a "esquerdopatas, a [ativistas] gays, preconceituosos contra pastores".

Sóstenes ricocheteou, no plenário, a revolta com o juiz que autorizou o interrogatório de seu líder religioso.

> Recentemente, nós tivemos um caso parecido de escândalo de corrupção. O senador Gim Argello foi acusado de repassar recursos para uma igreja católica de Brasília. Eu venho aqui perguntar à Justiça onde está o equilíbrio. Para a Igreja Católica, não houve condução coercitiva para o padre, não houve busca e apreensão. Agora, nesse caso, houve uma clara perseguição, porque nós evangélicos ainda somos minoria neste país.

O conceito de acossamento, que esmalta de vulnerabilidade social os mais de 60 milhões de crentes brasileiros, virou um cacoete discursivo entre políticos que dizem advogar por esse contingente. Não é de todo errado, mas também não reflete o espaço que os evangélicos conquistaram no debate político do Brasil. A minoria que Sóstenes evoca triplicou de tamanho desde a redemocratização do país, quando o segmento começou a deixar para trás um antigo lema que por décadas o guiou: "crente não se mete em política". O substituto explica por que os evangélicos, que passaram décadas tão interessados na vida política do país quanto em promoção de cerveja no mercado, chegaram com tudo às casas legislativas da nação. "Irmão vota em irmão", a nova palavra de ordem, foi também o nome de um livro que Josué Sylvestre, assessor do Senado e membro da Assembleia de Deus, lançou em 1986. "Crente vota em crente porque, do contrário, não tem condições de afirmar que é mesmo crente", diz no livro. Também convoca os pares a escolher "filhos da Luz" para "espancar as trevas da corrupção, da idolatria, da feitiçaria, da estagnação econômica, do obscurantismo, implantados por homens que não temem a Deus nos palácios e nas casas legislativas".

A primeira vez que evangélicos despejaram votos em massa num irmão de fé coincidiu, mas sem coincidência, com um momento crucial da democracia brasileira: a Assembleia Nacional Constituinte, que se encarregou de elaborar a nova Constituição de um Brasil que ainda arrastava como uma bola de ferro a carcaça do golpe militar de 1964, findo menos de dois anos antes. A edição de 1º de julho de 1987 da revista *Veja* dedicou quatro páginas à reportagem OS DEPUTADOS DE DEUS, sobre 33 constituintes que tinham como meta de seu "apostolado parlamentar" confeccionar uma Carta nacional à imagem e semelhança "da carta magna de Deus aos homens, a Bíblia".

O desejo de espelhar Constituição e Escrituras Sagradas foi confirmado por Antônio de Jesus, do PMDB de Goiás. "Tudo o que for louvado ali deve ser praticado, tudo o que for condenado ali deve ser proscrito", afirmou o deputado, morto em 2020 de complicações da Covid-19. Àquela altura, o Jesus brasileiro já tinha deixado sua marca: por demanda sua, o regimento interno determinou que se deveria sempre abrir uma Bíblia sobre a mesa dos trabalhos. O texto prossegue atribuindo ao presidente José Sarney o diagnóstico de que o lobby evangélico era "um dos fatores mais relevantes da atual Constituinte". Segundo Ulysses Guimarães, o presidente da Constituinte: "Depois que estive com os evangélicos, tomei um banho bíblico. Eles me deram até a fórmula [a origem bíblica] da aids".

A reportagem generaliza o que se deve esperar do "figurino ortodoxo dos evangélicos pentecostais", um povo que não fuma, não bebe, não dança, não usa roupa de banho e quase que só lê livros religiosos. O tom intercala deboche e estupefação com os novos atores políticos. "João de Deus Antunes costuma chorar cada vez que condena o aborto: 'Fiquei ainda mais contrário à sua prática depois de assistir a um filme mostrando um feto de três meses de gestação, ainda cego, tentando se defender da agulha que o despedaça'", o texto reproduz uma fala daquele que em seguida pinta como "o típico parlamentar evangélico consagrado pelo rebanho".

O desembarque dos crentes em Brasília aguçou a curiosidade da academia. Antônio Flávio Pierucci, um dos grandes nomes brasileiros da sociologia da religião, escreveu sobre o fenômeno que surpreendeu especialistas — muitos apostavam na ala progressista da Igreja Católica para protagonizar o debate religioso no Congresso pós-regime militar. "Não havia como não notá-los. O país todo tinha diante de si um conjunto de parlamentares que se autoproclamavam evangélicos, cujo número — 33 — por si só constituía uma novidade emergindo na cena política nacional."

O sociólogo somou dezoito deputados dos ramos pentecostais, mais de 50% do bloco. Desses, catorze eram da Assembleia de Deus, dois da Igreja Internacional do Evangelho Quadrangular, um da Igreja Cristã Evangélica e um da Igreja Universal do Reino de Deus. Pierucci, que morreu em 2012, escreveu:

> "Crente não se mete em política" era um lugar-comum. Resultava não só da percepção subjetiva, estereotipada e às vezes crítica que os católicos e outros grupos religiosos e não religiosos tinham dos protestantes brasileiros de modo geral, mas compunha também a autodefinição dos próprios interessados até bem pouco tempo.

Evangélicos já haviam sido eleitos antes, mas em menor número e com uma atuação pulverizada. A Constituinte os uniu, e uniu também boa parte da mídia contra eles. A reportagem mais simbólica do período, publicada pelo *Jornal do Brasil* em 7 de agosto de 1988, foi a manchete da primeira página: EVANGÉLICOS TROCAM VOTO POR VANTAGENS. Preencheu três páginas internas e trouxe o título, A CONSTITUIÇÃO SEGUNDO OS EVANGÉLICOS, em tipografia gótica, emulando uma Bíblia medieval.

"A nova Carta ainda não está pronta, mas já propiciou ao grupo comandado pelo pastor Gidel Dantas uma notável lista de ganhos, que inclui um canal de televisão, pelo menos meia dúzia de emissoras de rádio, importantes cargos no governo e sobretudo dinheiro, muito dinheiro", escreve o repórter Teodomiro Braga. Eleito pelo Partido Democrata Cristão do Ceará, o líder da Igreja de Cristo no Brasil mais tarde seria o primeiro deputado federal a aderir à candidatura de Fernando Collor. Peregrinava por gabinetes de Brasília a bordo de um carro da Confederação Evangélica do Brasil cedido pelo governo, um Opala Diplomata de 1988, versão topo de linha do modelo clássico da Chevrolet.

Sarney havia liberado 118 milhões de cruzados em verbas para a entidade presidida por Dantas em troca do apoio de parte da bancada a um mandato presidencial de cinco anos para ele. O autor da emenda constitucional que lhe garantiu o quinquênio, aliás, é Matheus Iensen, pastor que fez sucesso com um programa de rádio, o *Musical Evangélico*, e uma parceria musical com os Irmãos Falavinha no disco *Sinais dos tempos*.

Sinal dos tempos era também aquela nova safra de políticos que se agrupavam no meio do lado esquerdo do plenário. Como na atual composição da frente evangélica do Congresso, a maioria falava a língua do centrão, grupo de partidos de orientação política fluida que deu suporte a todos os presidentes do último período democrático. A imprensa foi inclemente, e a reportagem do *Jornal do Brasil* evidenciou a má vontade com os evangélicos, cujo maior pecado parecia ser a fé, e não o apetite por verbas e cargos saliente em constituintes de todas as crenças, ou mesmo nenhuma. Pior: um dos subtítulos, "A santa fisiologia", escancarou algo que sempre incomodou o segmento: nem de acertar sua linha teológica os jornalistas eram capazes, já que evangélicos não acreditam em santos, de modo que só o uso da palavra para adjetivar algo já lhes é ofensivo.

O repórter qualifica os "deputados crentes" como emissários de "seitas pentecostais" e crava que boa parte deles "faz da tarefa de preparar a nova Constituição um grande e lucrativo comércio". Relata que mesmo Sarney se incomodou com a gana fisiológica dos protestantes, a ponto de um assessor presidencial espalhar que tinham "uma boca deste tamanho". Ouve detratores aos montes, como a deputada Dirce Tutu Quadros, filha do ex-presidente Jânio Quadros e crítica da "hipocrisia" dos colegas adoradores de Deus.

Numericamente, não eram grande coisa: 7% entre os 487 deputados eleitos no pleito de 15 de novembro de 1986. Também não formavam um monólito ideológico. O presbiteriano Lysâneas Maciel, um dos deputados do MDB mais combativos no regime militar e que, com a redemocratização, encontrou abrigo no Partido Democrático Trabalhista de Leonel Brizola, foi um exemplo de evangélico de esquerda. Os outros o chamavam de "o líder dos evangélicos do B", meia dúzia de parlamentares que não se alinhavam ao conservadorismo dos demais. Maciel questionava a legitimidade da bancada para falar em nome de todos os evangélicos. O *Mensageiro da Paz*, jornal editado pela Assembleia de Deus desde 1930, tachou-o de "pseudoevangélico".

Candidato da esquerda à presidência da Constituinte, atropelado por Ulysses Guimarães, Maciel deu um depoimento à Fundação Getulio Vargas em 1998. "A igreja me acusava de terrorista, subversivo, e os grupos de esquerda me chamavam de burguês religioso... Nunca neguei minhas convicções evangélicas, sempre as tive comigo", disse um ano antes de morrer.

Mas, como ocorre até hoje, as vozes progressistas no grupo eram minoria. Para a opinião pública, a primeira impressão que ficou daquela força política emergente foi a dos carregadores de Bíblias sob o sovaco que queriam lapidar a Constituição do Brasil a partir de moldes cristãos, e que de quebra espessaram o caldo fisiológico do Congresso. Não foram necessários muitos para fazer a diferença. Seus interesses rondavam sobretudo as subcomissões que dariam os contornos constitucionais para questões de família e mídia.

Funcionava assim: os trabalhos da Constituinte começaram com subcomissões temáticas, responsáveis por formular um anteprojeto para a área. Evangélicos emplacaram a presidência em duas que julgavam decisivas. Arolde de Oliveira pegou a da subcomissão da Ciência e Tecnologia e da Comunicação, que lidou com um tópico caro às igrejas: a concessão de TVs e rádios. Naquele mesmo 1987, a família de Arolde fundou a MK Music, que nos anos seguintes lançaria músicas de outros dois parlamentares: Marco Feliciano e Flordelis. A gravadora gospel evoluiria para o Grupo MK de Comunicação, o maior do setor. Um material de divulgação que celebrou os vinte anos da MK Music afirma:

Na década de 1980, com a conversão da família, houve a necessidade de captar recursos para o pontapé inicial do grande sonho no meio gospel. Certa de que a ideia era boa, Yvelise de Oliveira, apoiada pelo marido, o deputado federal Arolde de Oliveira, decidiu vender sua confecção de moda praia, que chegou a ter lojas por todo o país e pedidos no exterior.

O conglomerado de mídia é dono de uma rádio forte no Rio, a 93 FM. Em 1997, passou a produzir o *Conexão Gospel*, programa exibido por vários canais abertos, mas que teve vida longa na RedeTV!, que o abrigou de 1999 até seu fim, em 2007. Arolde tinha um quadro nele, *O Cristão e a Política*, e disputou consecutivas eleições com os quatro números finais do telefone do programa, 2502. Ganhou todas.

Em 2018, fez campanha em dobradinha com o primogênito de Jair Bolsonaro, Flávio. Conquistaram as duas cadeiras fluminenses em jogo no Senado. No segundo ano de mandato, veio a pandemia do coronavírus, e com ela a ira de Arolde com os protocolos sanitários recomendados pela comunidade científica. Em 19 de abril, o octogenário tuitou sua discórdia com "a inutilidade do isolamento social" adotado por "autoridades, alarmistas por conveniência, [que] destruíram o setor produtivo". Certo estava o presidente ao se opor desde sempre à quarentena, disse o senador eleito pelo Partido Social Cristão, o PSC. Arolde foi uma das 15 mil vítimas de Covid computadas pelas secretarias de Saúde brasileiras em outubro de 2020.

Outra subcomissão da Constituinte que interessava e muito à bancada evangélica, a da Família, do Menor e do Idoso, escolheu como presidente um batista, Nelson Aguiar, e um vice da Igreja Universal do Reino de Deus, Roberto Augusto, da primeira turma de pastores da congregação do bispo Edir Macedo. As atas da Constituinte registraram o entusiasmo de Aguiar com a influência religiosa sobre a "mais bonita" comissão da Casa. Foi no dia 7 de abril de 1987:

Temos sabido das dificuldades, até tumulto, que vêm ocorrendo em todas as subcomissões [...]. Aqui, não poderia ocorrer porque esta é a comissão da família. [...] Temos a presença, também, de quatro irmãos evangélicos, pastores inclusive, que vêm trazer também a sensibilidade dos seus conhecimentos cristãos e ajudar muito. Trarão para cá, naturalmente, os seus conceitos de família, principalmente da família monogâmica, que encontramos nas Escrituras Sagradas.

Os "irmãos evangélicos" não bastaram para convencer os outros constituintes a votar em todas as propostas que queriam. A bancada perdeu muitas batalhas, mas ganhou outras. No fim, a tensão entre conservadores — e os protestantes compunham só uma de suas fileiras — e progressistas ajudou a trazer a Constituição mais para o centro. Se os parlamentares à esquerda queriam um texto que citasse o direito da mulher à interrupção da gravidez se ela assim o desejasse, a maioria dos religiosos gostaria de incluir na Carta a proteção da vida desde a concepção, o que impediria os casos de aborto legal que temos hoje. Nenhum dos dois teve o que quis, mas ao menos não viu o outro lado triunfar. Podemos dizer que houve um empate.

A imprensa ia à forra com a queda de braço. O *Correio Braziliense* de 27 de maio de 1988 imprimiu no alto de uma página interna: "CARTA LIBERA DIVÓRCIO E IGNORA ABORTO: Lideranças chegam a acordo, texto é aprovado sem emendas e evangélico chora". A reportagem contava como o deputado e pastor Antônio de Jesus, do PMDB de Goiás, autor de uma emenda que limitava o número de divórcios, chorou quando teve que retirar sua proposição. O petista José Genoino tinha avisado que o destaque poderia atrapalhar o restante das votações, e colegas dissuadiram Jesus de insistir no assunto. Foi literalmente amparado pelos companheiros ao descer da tribuna. Genoino o abraçou.

Guerrilheiro preso pela ditadura, anistiado em 1979 e um dos fundadores do PT, Genoino encarnava o belzebu marxista para a direita evangélica. Conversamos por telefone em meio à segunda onda de Covid-19 que escoltou o início de 2021. Ele se lembra de tirar certo prazer em provocar os legisladores crentes. "Depois do Carnaval, vinham as revistas com fotografias: escolas de samba, mulheres seminuas e tal. Eu olhava e dizia 'isso que é bonito', eles faziam o sinal da cruz."

Ao fracassar com sua emenda para retirar do preâmbulo da Constituição a frase "sob a proteção de Deus", ele levou o *Mensageiro da Paz* a tripudiar sobre a "amarga derrota para os constituintes ateístas". A antipatia à exclusão divina não se limitou a um quinhão religioso. O senador Nelson Carneiro, que beirando os oitenta anos era um dos decanos da Assembleia Constituinte, argumentou que era melhor deixar Deus lá mesmo. Genoino recorda de ter escutado dele: "Menino, não quero me meter nessa história, não. E se esse cidadão existir? Daqui a pouco vou embora".

No campo moral, os embates mais ferozes se davam com Matheus Iensen e Costa Ferreira, este membro da Assembleia de Deus do Maranhão que discursou na Comissão da Soberania e dos Direitos e Garantias do Homem e da Mulher contra a proibição de discriminar alguém com base na orientação sexual.

> Se a expressão "orientação sexual" for mantida aqui, no texto do anteprojeto, haverá devassidão total. Sem isto, ela já está por aí! Todo mundo tem liberdade! O homossexual masculino sai por aí vestido de mulher, com peruca loura, sapato alto e tudo o mais! Lésbicas saem vestidas de homem, cortam o cabelo, usam barba! Quem é que está discriminando essa gente?

A esquerda ia para cima ante manifestações como essa. Mas "as coisas se davam na disputa política, não tinha o ódio do fundamentalismo de hoje", diz Genoino, que posteriormente assumiria a presidência do seu partido até renunciar ao cargo, no redemoinho do escândalo do Mensalão. "Mesmo com as porradas que tinha", os evangélicos iam a jogos de futebol e churrascos promovidos entre constituintes.

Se não ganhou de goleada, a nova bancada avaliou que, jogando na defesa dos valores cristãos, não levou nenhuma bola entre as pernas: a Carta de 1988 garantiu ensino religioso e liberdade de culto, escanteou orientação sexual e pena de morte, e incluiu Deus, sempre Ele, em sua introdução. Nada mau para um grupo que deixava de ser exceção para virar regra no Congresso Nacional. Como disse à época João de Deus Antunes, o deputado que carregava a devoção no nome: "É tempo de agir, pois esta pode ser a última Constituição antes da volta de Cristo".

Era tempo de deixar de vez para trás qualquer ranço dogmático com a participação das igrejas na política. A Constituinte foi o estopim da politização pentecostal, disse o sociólogo inglês Paul Freston na tese de doutorado que apresentou em 1993 à Unicamp, sobre essa fase da história brasileira. O assembleiano *Mensageiro da Paz*, três anos antes da promulgação da Constituição, afirmava:

> A Bíblia deixa subentendido que o cristão não pode eximir--se de suas responsabilidades com o mundo escondendo sua lâmpada debaixo do alqueire. Ora, isto significa dizer que precisamos do posicionamento de crentes fiéis em todos os setores da vida secular, incluindo-se aí o segmento político... Ou será que os descrentes são melhores do que os salvos para administrar a coisa pública?

Anos mais tarde, o bispo Edir Macedo publicaria a obra que cimentou a mudança de atitude das igrejas em relação a cargos eletivos. *Plano de poder* teve o jornalista Carlos Oliveira como coautor e foi lançado duas semanas antes das eleições municipais de 2008, quando o sobrinho de Edir, Marcelo Crivella, perdeu pela segunda vez a disputa pela prefeitura do Rio de Janeiro (levaria o posto em 2016, sem conseguir ser reeleito quatro anos depois). Os autores recorrem a Maquiavel, Thomas Hobbes, Platão, Shakespeare e, sem grandes surpresas, à Bíblia para despertar as "muitas pessoas que, apesar de confessarem uma fé cristã, não conseguem identificar e assimilar o objetivo de Deus sobre esse aspecto para o seu povo (o projeto de poder político de nação)".

O bispo e seu escriba descartam que "evangélicos e suas igrejas se tornem partidos políticos", ainda que a costela partidária da Universal tenha sido reconhecida pelo Tribunal Superior Eleitoral em 2005, com bispos da igreja em sua cúpula. Hoje a legenda se chama Republicanos e, nos últimos anos, emplacou ministros tanto no governo Bolsonaro quanto no de Lula. Já havia ladeado, sob a sigla PRB (Partido Republicano Brasileiro), com gestões petistas e, depois do impeachment de Dilma Rousseff em 2016, com o vice que a rifou, Michel Temer. José Alencar, vice de Lula e morto em 2011, foi seu presidente de honra.

"Um movimento social organizado com cerca de 40 milhões", que era o tamanho do projeto da população crente de então, "teria uma força e tanto", dizem os autores. Quantos leitores da Bíblia, afinal, "já tiveram a sensibilidade de perceber que ela é um manual que não se restringe apenas à orientação de fé religiosa, mas também é um livro que sugere resistência, tomada e estabelecimento do poder político ou de governo, e vai muito além desses temas?".

Benedita da Silva se tornou evangélica aos 26 anos, após folhear o Novo Testamento e se deparar com um versículo que, "afinal de contas, né, [...] deveria ser um carimbo na testa de cada jornalista", como diria em 2020 o presidente Jair Bolsonaro sobre João 8,32: "e conhecereis a verdade, e a verdade vos libertará". Ela era líder comunitária do morro Chapéu Mangueira, vizinho à praia do Leme, na zona sul carioca, quando seu irmão foi atropelado, "um acidente muito feio, os dentes dele ficaram feito escada, todos eles viraram". Mais um baque para a então empregada doméstica que, como conta numa segunda-feira do início de 2021, era "daquele tempo em que a patroa te dava ali um dinheiro e pronto, isso quando dava, quando não esquecia, aí te dava uma roupa". Benedita, que quando menina entregava no apartamento de Juscelino Kubitschek, na parte asfaltada do bairro praiano, as roupas que a mãe lavava para o ex-presidente, "estava num momento bem ruim da minha vida, mas muito mesmo". Um temporal carregou seu barracão na favela, o marido estava desempregado, e ela ali, "sem saber o que fazer da vida para dar comida para os meus filhos".

Deu uma chance ao pessoal com Bíblia a tiracolo que visitava o hospital onde seu irmão fora internado. Eles lhe diziam que ela era "uma pessoa importante para o projeto de Deus". Sentiu-se acolhida numa Assembleia de Deus, a do Leblon, e gostou da atenção que recebeu.

> Quando cheguei, não tinha roupa pra ir. Porque andava do jeito que eu andava. Roupa curta, entende? Na igreja pediam pelo menos até o joelho, que a gente usasse uma roupinha com manga. E você veja só, num instante apareceu a costureira, um irmão servente de obra comprou logo um tecido, mandou fazer roupa pra irmã Benedita.

A roupa da deputada Benedita, quando nos encontramos — era um vestido estampado longo combinado com uma grossa gargantilha dourada e um batom, que solicitou à sua assessora tocando uma campainha "feito botão de aeroporto" —, tinha sido escolhida a dedo para a entrevista, que seria filmada. A roupa que a constituinte Benedita usava na foto em preto e branco que decora seu gabinete a faz rir com a moda dos anos 1980: um vestido branco com gordas bolas pretas, também comprido, farto em babados e plissados. Ela era uma das 26 congressistas mulheres e um entre onze negros, num universo de 487 deputados e 72 senadores, que passaram por aquele plenário. Tinha 43 anos.

Benedita chega a sua sala no centro do Rio e faz uma oração, costume que diz ter introduzido na Câmara dos Vereadores do Rio de Janeiro em 1983, ano de seu primeiro mandato, pela legenda que ajudou a fundar três anos antes, o Partido dos Trabalhadores. Ela e um parlamentar católico agradeciam a Deus na hora das refeições. Diz que inspirou colegas protestantes a orar também, e do hábito fez-se uma tradição que aos poucos foi se espraiando pela política e se estruturando até consolidar um bloco parlamentar evangélico no Congresso.

Ex-empregada doméstica, ex-servente de colégio e ex-auxiliar de enfermagem, Benedita concorreu pela primeira vez em 1982. Naquele ano, brasileiros voltaram a eleger seus governadores depois de quase duas décadas de paralisia democrática, uma cortesia dos militares brasileiros. Venceu, para lamento dos irmãos. "A igreja nem votou em mim daquela vez, né? Não votaram pra me salvar. Porque eu ia entrar pra política, e 'política é uma perdição', diziam que eu podia até abandonar a igreja."

Não só não abandonou, como ganhou quase todas as eleições que travou desde então, emparedada entre a militância petista e a fé pentecostal.

Na igreja ficavam meio assim porque eu era de um partido de esquerda; no partido de esquerda, porque eu era evangélica. Ambos os lados erraram até hoje, porque não foram tolerantes um com o outro. A esquerda não quer ler a Bíblia. Quer ler Marx. Como vou fazer debate direto com alguém de quem eu não tenho conhecimento?

Melhor para a direita, "que foi pra cima, encontrou ali um serviço pronto, e começou a estimular os pastores: 'Ei, vai ser político, tem que ser'".

Foram e nunca mais pararam. Mancomunados quase sempre com o centrão, evangélicos atravessaram as últimas décadas dilatando sua fatia na política brasileira. De "um dos fatores mais relevantes" da Constituinte, conforme vaticinou Sarney em 1988, evoluíram para ser o coração do bolsonarismo, como me disse um pastor em evento da bancada evangélica que reuniu os chefes dos três Poderes em 2019.

Todas as eleições presidenciais desde então contaram com a paulatina influência do grupo. A de 1989 inaugurou o beija-mão a pastores por candidatos que começavam a despertar para o voto evangélico. Nomes como Edir Macedo e José Wellington Bezerra da Costa, já lideranças consolidadas, simpatizaram com Fernando Collor. Na edição de 6 de dezembro de 1989, a *Veja* publicou a reportagem ONDE LULA É O DEMÔNIO. Ali mesmo, nas casas pentecostais. Collor visitou várias delas num país onde se estimava haver 12 milhões de fiéis. Na véspera do primeiro turno, Macedo comandou uma vigília, e nela usou uma camisa com o nome do candidato. "O diabo na corda bamba, vamos collorir, vamos collorir", cantavam os fiéis sob a batuta do fundador da Universal.

"O medo de ter um governo de esquerda no poder tem sido o principal argumento para a collorização da maioria dos pentecostais", diz a matéria. Edir Macedo sugeria que a Igreja Católica mandaria no país se o adversário de Collor, Lula, do PT, ganhasse, e que ele mandaria fechar templos da Universal — uma ameaça que não só não tinha nenhum lastro no programa lulista como colidia com a recém-aprovada Constituição. Em fevereiro de 1990, Lula fez um balanço de sua primeira derrota e reclamou do que viu como um processo de terrorismo contra o PT: "Diziam que o Lula ia acabar com as igrejas não católicas, que íamos tomar um quarto de quem tivesse dois, uma casa de quem tivesse duas, um carro de quem tivesse dois, uma televisão de quem tivesse duas".

Em entrevista concedida numa sede do partido, André Singer, o cientista político que nos anos 2000 seria convocado para ser porta-voz do presidente Lula, perguntou-lhe se o PT deveria ter adotado outra estratégia para desidratar essas acusações. O petista respondeu que sim:

> Certas coisas, nós discutíamos a partir da nossa cabeça, a partir da cabeça do pessoal politizado. Quando disseram que a gente ia acabar com as religiões não católicas, nós fizemos um único programa especial sobre o tema, quando deveríamos ter realizado várias inserções. Precisávamos ter insistido nestas questões, porque é exatamente na faixa menos politizada que essas coisas pegam, neste setor não funciona a história que, para bom entendedor, meia palavra basta: para este segmento não se deixar levar por estes boatos, não basta meia palavra, é preciso, quem sabe, um livro inteiro.

Mas o estrago já estava feito, e o principal adversário não marcou bobeira. Salatiel Carvalho, um deputado pastor da Assembleia de Deus, coordenou a campanha de Collor no campo religioso. Era o mesmo que, na Constituinte, havia justificado assim o abono ao mandato de cinco anos para Sarney: "Se o presidente quisesse cem anos para trocar [por] cem rádios, [...] se fosse para divulgar o Evangelho, eu trocava". Ele ganhou o primeiro de cinco mandatos na Câmara dos Deputados em

1986, numa candidatura induzida pelo boato de que o Vaticano tentaria, durante a Constituinte, tornar o catolicismo a religião oficial e única do país. "Nunca tinha sido nem vereador. Entrei na política dessa forma. Hoje sabemos que a notícia era uma mentira", ele disse à *Folha de S.Paulo* em 1995. Sete anos depois, Salatiel tentaria vender um vice evangélico para o tucano José Serra travar sua primeira eleição presidencial. Foi ignorado.

Silas Malafaia foi exceção no cortejo evangélico que seguiu a chapa daquele que seria o presidente mais novo do Brasil, aos quarenta anos, e também o primeiro a sofrer impeachment após a retomada democrática. O sociólogo Paul Freston o descreve em 1993 como "campeão de audiência da TV evangélica". Malafaia chegou a mediar o programa *Brizola e os Evangélicos*, afeito à aposta no presidenciável Leonel Brizola, um totem da esquerda trabalhista, como alguém independente da CNBB (Conferência Nacional dos Bispos do Brasil), a maior instância católica no país. No segundo turno entre Lula e Collor, foi de Lula. Ainda repetiria a parceria em 2002, quando apareceu no horário eleitoral do pleito que legitimaria o petista após quatro incursões eleitorais. "Lá, eu era o cara. Agora, sou o submundo da política", me disse Malafaia em 2012, ranzinza com o tratamento pouco cordial que progressistas agora lhe dispensavam.

O ânimo geral, entre as maiores igrejas, era chocho em relação ao PT, ao menos nos primeiros anos de "irmão votando em irmão". Que a Universal do Reino de Deus sirva de breve estudo de caso, por ser a denominação neopentecostal mais organizada politicamente, dona de um conglomerado midiático, com TV, rádio, internet e um jornal, a *Folha Universal*, que no começo de 2021 imprimia 1,6 milhão de exemplares (cinco vezes mais do que a tiragem média da *Folha de S.Paulo*).

A relação entre o petista e o bispo tinha seus vaivéns. Lula foi uma avis rara no viveiro político ao fazer um desagravo público após Macedo ser preso em 1992, acusado de curandeirismo, estelionato e charlatanismo. O bispo ascendente estava num Santana verde com a esposa, Ester, e a filha adolescente Viviane, saindo de uma pregação, quando foi cercado por viaturas coalhadas de policiais armados. Márcio Thomaz Bastos, que viria a ser ministro da Justiça no primeiro governo Lula, foi um de seus advogados. "Se não tomarmos cuidado, daqui a pouco a polícia está na sua casa, prendendo qualquer um, sem nenhum critério", disse Lula à época.

Mas a trégua durou pouco. As bordoadas no ex-líder sindical se repetiram em 1994, quando a Igreja usou sua publicação impressa, distribuída na porta dos seus templos, para atacar Lula, presidenciável pela segunda vez. Naquela eleição, da qual Fernando Henrique Cardoso sairia vencedor, o petista estampou mais de uma capa da *Folha Universal*. Uma delas trazia como manchete, em letras vermelhas: LULA APELA PARA O CANDOMBLÉ. Na foto, o candidato na Baixada Fluminense com uma mãe de santo. As religiões afro-brasileiras, em geral, são malvistas pelo segmento, cisma alimentada pelo próprio Edir Macedo, autor de *Orixás, caboclos e guias: Deuses ou demônios?* O livro, que já vendeu milhões de cópias desde 1997, diz que a mistura de "mitologia africana, mitologia indígena brasileira, espiritismo e cristianismo" provocou ou favoreceu "o desenvolvimento de cultos fetichistas como a umbanda, a quimbanda e o candomblé", e que "orixás, caboclos e guias — sejam lá quem forem, tenham lá o nome mais bonito — não são deuses". Até meados dos anos 1990, parte da rivalidade se devia a uma disputa pelo mercado de fiéis à disposição das religiões ditas nanicas, já que enfrentar a hipertrofia católica ainda não era uma hipótese plausível.

Os humores da Universal com o PT só mudaram na quarta tentativa de Lula — esta, sim, bem-sucedida — de chegar ao Palácio do Planalto. A aproximação teve como maestro Carlos Rodrigues, bispo da congregação e deputado pelo PL de

José Alencar, o vice de Lula. Ele acabaria perdendo o título religioso em 2004, no auge das denúncias de envolvimento no caso Waldomiro Diniz, naquele que ficou conhecido como escândalo dos bingos. Depois seria condenado e mandado à prisão no julgamento do Mensalão.

Em 2001, quando cresciam rumores de uma aliança entre petistas e a Universal, a coluna Painel, da *Folha de S.Paulo*, reproduziu a reação irônica de um ministro do então presidente FHC: "Lula tem de engolir Edir Macedo como parte de seu visual light. Mas com uma dieta dessa ele vai acabar com uma indigestão!". A eleição da sucessora de Lula também contou com a estima do bispo. Em 2010, a *Folha Universal* elencou sete razões para votar em Dilma. O primeiro motivo compara as histórias de vida de Lula e Macedo. "Deus escolheu as coisas loucas do mundo para envergonhar os sábios e escolheu as coisas fracas do mundo para envergonhar os fortes", diz o tópico. A citação, extraída de Coríntios, a primeira epístola de São Paulo, retrata dois homens "perseguidos pela elite". No artigo, a Universal buscou diluir uma farsa que ela própria havia alardeado sobre o petismo em 1989, a de que o partido fecharia templos. Dilma, segundo o editorial, "vai governar respeitando as igrejas de todas as denominações" e "tem um compromisso pessoal em apoiar os ideais do Evangelho, princípio maior da Igreja Universal do Reino de Deus". Num culto da Igreja que visitei na semana que antecedeu aquele sufrágio, um pastor pediu que os cinco fiéis presentes repetissem o número mágico: treze. Emendou, em ataque pouco sutil ao principal adversário do PT, José Serra: "Dilma de uma vez por todas, para não deixar o país ir por Serra abaixo".

O apoio do bispo foi recompensado com um ministério para um dos maiores quadros do Republicanos. Filho de Eris Bezerra Crivella, irmã de Edir Macedo, e bispo licenciado na igreja do tio, como cantor gospel, Marcelo Crivella bradou em

"O ano da vitória": "Eu vou entrar na terra prometida/ Realizar o projeto da minha vida". Crivella chegou à terra prometida da política em 2003, como senador, virou ministro da Pesca no governo Dilma e, em 2016, foi eleito prefeito do Rio. Nunca um quadro da Universal havia alcançado um Executivo tão central para o país. Mas ele não conseguiu se reeleger em 2020 e foi preso na sequência, denunciado pelo Ministério Público do Rio de Janeiro por suposto recebimento de propina na administração municipal.

A essa altura Macedo já não nutria simpatia pelo PT. Em 2018, declarou seu apreço pelo presidenciável Bolsonaro no Facebook, após ser provocado por um de seus seguidores: "Queremos saber, bispo, do seu posicionamento sobre a eleição para presidente". Respondeu apenas: "Bolsonaro".

Ele seguia uma onda pastoral bolsonarista surfada há meses por Silas Malafaia, um dos primeiros líderes a patrocinar a candidatura do católico que estreitara laços com evangélicos com um batismo simbólico nas águas do rio Jordão. Era 12 de maio de 2016, dia em que o Senado autorizou a abertura do processo de impeachment de Dilma, quando Bolsonaro foi batizado no rio onde, segundo a Bíblia, o mesmo aconteceu com Jesus. A imersão foi feita pelo pastor Everaldo, presidente de seu partido à época, o PSC, e que teve destino similar ao de Crivella em 2020: a prisão. Malafaia e Bolsonaro se dão bem desde que convergiram no asco a duas iniciativas pró-LGBTQIA+: o PL 122 e um projeto, dos tempos em que o petista Fernando Haddad era ministro da Educação, que pretendia combater o bullying homofóbico em escolas e que, em círculos conservadores, ficou conhecido como "kit gay". Malafaia celebrou o terceiro casamento de Jair Bolsonaro, com uma ex-fiel de sua igreja, Michelle, em 2013, numa cerimônia em que o noivo, de terno cinza chumbo e orquídeas brancas na lapela, chorou ao trocar alianças ao som de "Jesus, alegria dos homens", de Johann Sebastian Bach.

Horas antes, Malafaia e Bolsonaro aguardavam o início da cerimônia numa sala da Mansão Rosa, espaço de festas no Rio de Janeiro. Deputado do PP à época, o político lhe disse então, conforme reproduz Malafaia: "Vou ser o presidente do Brasil, porque senão ninguém vai segurar esta esquerda". Ele confessa que achou papo de maluco. "Eu mesmo não acreditei que seria possível."

Foi, e com folga: bateu Fernando Haddad, do PT, com quase 10% de vantagem nos votos válidos no segundo turno, e uma predileção estimada de sete em cada dez eleitores evangélicos.

O pastor afirma que respaldou Lula ainda em 1989 por ter se encantado com seu discurso de justiça social. E como não? "Um cara que vem da classe baixa, do sofrimento do pobre, um cara que vem do Nordeste. Esse cara vai resgatar a nação", diz. Arrepende-se de não ter dado ouvidos ao pai, o oficial da Marinha e também pastor Gilberto Malafaia, que via no líder sindical convertido em estrela política um estagiário de Ióssif Stálin. "Ele dizia assim pra mim: 'Você está enganado, eles [os petistas] não se desvinculam de suas ideologias'. Mas eu achava que não."

Lula e Malafaia ainda eram amigáveis quando a Frente Parlamentar Evangélica foi regulamentada pela primeira vez no Congresso, oficializando uma estrutura que reunia até aqui, informalmente, dezenas de congressistas. O ano é 2003. O primeiro presidente da bancada, Adelor Vieira, líder do PSC em Santa Catarina, seria depois envolvido no escândalo dos sanguessugas, um esquema de venda de ambulâncias por preços superfaturados.

Três pastores da Assembleia de Deus o sucederam: Manoel Ferreira, hoje bispo primaz do influente Ministério Madureira da Assembleia de Deus; Paulo Freire, filho de José Wellington; e o delegado João Campos. A lista segue com um nome mais low-profile, o primeiro líder do bloco com quem conversei longamente, em 2017.

O deputado Hidekazu Takayama, do PSC, um pastor que dirigia no Paraná a igreja Cristo Vive, tinha acabado de assumir a presidência da bancada. Depois de brincar que era chamado de "cearense com conjuntivite" por causa dos olhos puxados, o filho de imigrantes japoneses me disse sério, naquela que seria sua primeira entrevista como cabeça dos parlamentares evangélicos: "Adão casado com Evo, ou Eva com Ada... Se a Bíblia tivesse [esses casais], só teria os primeiros capítulos. Somos coerentes com as leis naturais".

Encontrei Takayama após um dos tradicionais cultos das quartas-feiras na Câmara dos Deputados, que antes da pandemia de Covid-19 aconteciam num dos "plenarinhos", plenários menores onde as comissões da Casa se reúnem. Eram treze deputados louvando a Deus naquela manhã, mas pastor Eurico, o capelão da turma, preferiu inovar na contabilidade: "Somos doze mais um, ou catorze menos um deputados. Não podemos dizer [treze], esse número é complicado".

Na sua vez de pregar, Takayama afagou os colegas de fé e legislatura. "Você é um príncipe, Deus te colocou no Parlamento." Também os convocou a ser "luz" num momento em que "a sociedade questiona o parlamentar" e criticou jornalistas que os fustigavam por recibos "de almoços caríssimos". Comer na capital não é barato, justificou. Em 2016, ele havia pedido 6175 reais de reembolso por gastos em alimentação, uma média de 46,60 reais por refeição, com predileção por palmito assado.

Descendente de budistas que se converteu na adolescência, após "um irmão me falar muito de Jesus", ele acumulou quatro mandatos até as urnas o expelirem da Câmara, em 2018. Antes de reger o bloco evangélico, apareceu pouco na mídia. Em 2015, por exemplo, repórteres o procuraram para falar sobre sua briga com o motorista de Delcídio do Amaral, senador do PT que ainda seria preso na Operação Lava Jato.

A versão de Takayama: o funcionário "jogou o carro nele", ele foi tirar satisfações e levou um soco que deixou uma poça de sangue no chão. Na época, Delcídio disse que foi o congressista quem agrediu primeiro. Não era assim que Takayama lembrava. "Eu, com 1,60 metro e pouco... O homem devia ter dois metros, boxeador de MMA. Sou protegido pelo Estatuto do Idoso, querida."

Takayama era o típico produto do baixo clero, como se convencionou chamar a parcela de congressistas com pouca expressão no teatro parlamentar. Nomes que, se atraíam a atenção da grande imprensa, era quase sempre para render manchetes pitorescas. Os membros da bancada evangélica eram quase todos relegados a essa coxia política, salvo um ou outro, como Eduardo Cunha, o presidente da Câmara preso seis meses após rogar a Deus para ter "misericórdia desta nação" no processo de impeachment que ele mesmo viabilizou para, em 2016, derrubar a petista Dilma Rousseff da Presidência da República.

A destituição acelerou a escalada dos evangélicos para papéis mais centrais em Brasília. Na semana em que entrevistei Takayama, Michel Temer, o vice que tomou o lugar de Dilma no Planalto, recepcionou parte da bancada para discutir maconha, aborto, inclusão de debates sobre gênero no currículo escolar e se alunos transexuais poderiam usar o banheiro que preferirem, "eles" ou "elas". Os deputados foram taxativos: não, não, não e nem pensar.

Presentes no encontro relataram que Temer estava de acordo com eles. No mesmo dia, o Ministério da Educação divulgou um documento que subtraiu "identidade de gênero" e "orientação sexual" da nova base nacional curricular, que define o que os alunos devem aprender da creche ao ensino médio. As expressões apareciam em texto que a pasta divulgara dois dias antes a jornalistas.

Conheci a advogada Lia Noleto na época e anotei seu contato no meu celular como "Lia do Takayama". Ela assessorava o presidente da bancada na ocasião. De madeixas pintadas de loiro, uma faixa de delineador preto que ocupava metade de sua pálpebra, cílios longos como os da Emília de Monteiro Lobato, Lia me contou que os cultos da bancada evangélica foram decisivos em sua vida. "Lembro de ser batizada com o Espírito Santo num encontro jovem, com doze anos, quando recebi o dom de línguas dos anjos. Nesse dia tive uma experiência muito forte, Deus me levou ao útero da minha mãe, e eu vi toda a minha vida. Sabia que seria de Jesus para sempre."

Vem sendo assim até aqui, mas com uma pausa. Filha de dois espíritas, Lia tinha cinco anos quando uma tia a carregou junto para uma igreja evangélica. Decidiu ali: "Quero ser amiga de Jesus para sempre", amizade selada com o batismo sete anos depois. Cresceu e virou também amiga dos parlamentares que dizem falar em nome do messias cristão. Três anos após nos conhecermos, ela esteve na vigília que a bancada organizou em Brasília, na praça dos Três Poderes, para onde convergem as sedes nacionais do Legislativo, do Executivo e do Judiciário. No dia seguinte, o encontro foi com o presidente Bolsonaro. Silas Câmara, o presidente da vez da frente, pregou:

> um princípio profético diz: onde tiver dois ou três, e aqui não estamos em dois ou três, estamos em muito mais, dizendo que Deus é o Senhor da nação brasileira. Este é nosso objetivo. Que o inferno ouça, que Satanás pegue a sua mala, a sua trouxa, e se afaste desta nação, porque ela é do Senhor Jesus Cristo.

Lia sucedeu Damares Alves como assessora jurídica da frente evangélica. Damares tinha ido para o Senado trabalhar com Magno Malta, a quem depois trairia, na narrativa de alguns evangélicos, ao aceitar o comando do Ministério da Mulher, da Família e dos Direitos Humanos. Magno tinha certeza de que sairia da corrida eleitoral de 2018 com uma pasta na Esplanada. Foi um aguerrido aliado de Bolsonaro quando muitos eram céticos sobre o potencial do capitão reformado do Exército. Convenceu outros pastores, Malafaia inclusive, a embarcar na dele. Bolsonaro chegou a dizer, durante a Marcha para Jesus daquele ano, que enviou uma "cartinha de amor" para convencer o senador a ser seu "vice dos sonhos", o que ele não topou. Sua legenda, o Partido da República, preferia entrar na coligação do tucano Geraldo Alckmin, e ele mesmo escolheu não arriscar uma reeleição que dava como certa.

Em março de 2018, Magno, que falou comigo com uma Bíblia à frente, desconversou ao ser questionado sobre tratativas para integrar a chapa bolsonarista. "Minha vida está na mão de Deus. Do meu futuro não sei. A única coisa que sei é que o presidente será Bolsonaro, eu de vice ou não." Só admitiu que ele e Bolsonaro tinham muito em comum, das bandeiras que defendiam ao jeito pouco sutil de fazê-lo. Dias antes, ele tinha decidido homenagear o Dia da Mulher reproduzindo no seu perfil no Instagram uma cena em que Leonardo DiCaprio, encarnando o protagonista numa adaptação hollywoodiana de *O grande Gatsby*, oferece um brinde: "Parabéns para todas as mulheres de verdade [...]. Para vocês que nasceram homens e pensam que são mulheres, esperem 1º de abril". Na mesma semana, a TV Senado veiculou uma reprimenda sua ao Supremo Tribunal Federal, que havia autorizado transexuais a alterar o registro civil mesmo se não fizerem uma cirurgia para mudar de sexo. "O Supremo votou agora que o macho que se sente transgênero pode entrar no banheiro de mulher, e a minha mulher, minhas filhas não podem falar nada, para não constrangê-lo. Mas o cara pode mijar em pé, respingar o vaso todo", disse.

Não era só verbalmente que o congressista faixa preta em jiu-jítsu partia para cima. Baiano com domicílio eleitoral no Espírito Santo, o senador desde 2003 (um quarto de sua vida) contou que malhava "no mínimo três horas por dia". Vangloriou-se da amizade com o ator americano Steven Seagal, com quem compartilha o amor pelo MMA. A internet acumulava cliques num vídeo em que ele criticava manifestantes contrários ao governo Michel Temer usando uma regata em que se lia "Whey", proteína predileta dos bombados. Sua assessoria confirmou que ele era adepto "de suplemento alimentar".

Perguntei se ele se percebia como de extrema direita. Respondeu-me: "Não é direita, é endireita, de endireitar o Brasil. Agora, se me chamam assim porque eu quero emparedar vagabundo, muito obrigado por isso". Sete meses após essa entrevista, que relatei na *Folha de S.Paulo*, ele viu uma das duas cadeiras capixabas em jogo no Senado ir para Fabiano Contarato, o primeiro titular abertamente gay da Casa. Já Magno Malta perdeu aquela eleição e também a moral com Bolsonaro, que o alijou de seu governo — voltaria ao cargo em 2023, após um pleito altamente produtivo para candidatos ao Legislativo que concorreram sob a insígnia bolsonarista .

Damares, sua antiga assessora, teve sorte melhor. Como ministra, encorpou a chamada ala ideológica da administração bolsonarista, exaltou meninos vestindo azul, e meninas, rosa, e se disse "terrivelmente cristã" num Estado laico, mote que cairia nas graças do chefe. Antes de migrar para o Executivo e ganhar projeção nacional, deu uma grande contribuição para a bancada evangélica ao sistematizar o acompanhamento de pautas que tramitavam pelas comissões da Câmara. Ficou mais fácil monitorar temas considerados sensíveis para a frente, quase todos tributários (isenção de impostos para templos, mais o perdão a dívidas fiscais) ou morais (aí a lista é longa).

A notificação pisca no celular de Sóstenes Cavalcante. Ele sai às pressas do Culto da Santa Ceia do Senhor, o primeiro encontro dos parlamentares evangélicos em meses no Congresso — por conta da pandemia, eles estavam se reunindo para as pregações das quartas-feiras pelo Zoom. O aliado de Silas Malafaia troca o plenarinho decorado com pão, uva e cálices de vinho, tal qual o banquete de Jesus com apóstolos que, segundo arqueólogos, teve também de cordeiro a pasta de nozes, pela sala da presidência da Câmara. Vai tirar satisfações com Rodrigo Maia: um deputado tinha postado no grupo de WhatsApp da frente que o presidente da Câmara poria em votação um projeto de lei do PT que legaliza o plantio da maconha. Maia, que na época tentava mobilizar a esquerda em prol do seu sucessor na liderança da Casa, negou a intenção.

O sistema afinado por Damares foi fundamental para a bancada coordenar sua resposta a iniciativas legislativas que melindrem sua agenda moral. Diz Sóstenes:

> Tem palavras-chaves que, quando lançam um projeto na Câmara — por exemplo, ideologia de gênero, drogas, casamento entre pessoas do mesmo sexo, aborto —, vão alertar a nossa equipe de assessoria legislativa, e o presidente da frente posta no grupo: "Fulano, temos este projeto número tal que pode ser pautado a qualquer momento. Quem vai acompanhar o trâmite dele?". Cada um vai se voluntariar.

Com os anos, foram aperfeiçoando as estratégias de combate. Por exemplo, os homens do bloco evitam tomar a dianteira em discussões sobre aborto. "Éramos deslegitimados por deputadas da esquerda porque a gente não tinha útero pro debate. Prefiro que seja parlamentar feminina de direita."

"Esta foi uma que fiz questão de pegar." Refere-se à proposta que o petista Paulo Teixeira havia entregado a Rodrigo

Maia a fim de legalizar o cultivo da *Cannabis* no Brasil para uso medicinal e industrial. Fez questão porque o tópico o acompanha há décadas, desde quando trabalhava, dentro de uma missão evangélica, numa casa de recuperação de dependentes químicos em Maceió.

Essa fase da sua vida é importante, pois foi a responsável por fazê-lo se dedicar à igreja. Já tinha vivido vinte dos seus 46 anos quando atendeu ao telefonema de uma mulher que queria internar um parente, mas que também estava preocupada com ele, Sóstenes. A pessoa do outro lado da linha disse que ele estava fazendo uma obra bonita. "Mas Deus tem um chamado missionário, e você resiste. Tá igual a Jonas", continuou, evocando o profeta bíblico que tentou escapar de uma convocação divina. "Deus mandou dizer mais algumas coisas. Ainda hoje, antes da meia-noite, você vai tomar um susto. Pra ter certeza de que é Ele falando", avisou a voz desconhecida.

Não deu outra. Sóstenes conta que até tentou se blindar: naquele dia, não saiu de casa "com medo de cachorro morder, cobra picar". Mas de noite, saiu do banho com os pés descalços e o corpo ainda molhado. A avó tinha comprado um ventilador novo da marca Britânia. Ele foi tirar da tomada e sentiu a descarga elétrica na mão. Desvencilhou-se e foi arremessado contra o guarda-roupa. Caiu no chão, e os fios enroscaram na perna. Enquanto o choque físico serpenteava seu corpo, sentiu-se eletrizado com a presença de Deus. "Fiz uma oração a Ele: 'Você falou que ia ser um susto, mas eu vou morrer. E morrer solteiro vai ser muito ruim, deixa pelo menos eu casar. Me rendo ao seu querer a partir de hoje'."

Seja feita a Vossa vontade. Sóstenes casou-se com Isleia e, no Dia dos Namorados de 2016, publicou um texto à "eterna namorada": "No início, eram apenas eu, ela e Jesus. Hoje somos cinco: eu, Isleia, nossos filhos Junior e Jenifer e Jesus". Quando nos encontramos, a uma semana do Natal de 2020, o deputado falava — se tudo corresse bem e não houvesse nenhuma traição ao acordo que fez com o colega Cezinha de Madureira (nunca se sabe) — como futuro presidente da bancada mais leal a Bolsonaro. Assumiu a posição em 2022, quando estipulou que "uns 90% de nós" apoiariam a reeleição do então presidente.

Ruidoso desde a Constituinte, o bloco estourou de vez na mídia em 2013, com a condução de Marco Feliciano à presidência da Comissão de Direitos Humanos, que só aconteceu por uma brecha aberta pelo PT na Câmara durante o primeiro mandato de Dilma Rousseff. Em seu gabinete, Feliciano tem um quadro com a frase "O que me preocupa não é o grito dos maus, mas o silêncio dos bons", atribuída a um pastor que nem ele. "Martin Luther King é a minha inspiração", me disse em novembro de 2020, quando o procurei num Congresso esvaziado pela pandemia. "Pastor pentecostal e ativista de direitos humanos. Me aproximei muito dele na época da comissão, ele sendo um dos maiores heróis dos direitos humanos americanos. Por que eu não podia? Por que a cor da minha pele não é negra?" Não só por isso. Feliciano estava na reta de movimentos sociais por dizeres como "africanos descendem de ancestral amaldiçoado por Noé" e "a podridão dos sentimentos dos homoafetivos leva ao ódio, ao crime e à rejeição".

O deputado conta que é filho único de mãe solo, que o pariu 48 anos antes, num 12 de outubro, feriado de Nossa Senhora Aparecida, a quem evangélicos, avessos à veneração de santos que embala o catolicismo, enxergam como mãe de Jesus. Uma mulher nobre, mas não santa. Diz que usou maconha e cocaína no começo da adolescência, até que foi parar numa Assembleia de Deus. Os amigos zombavam da gritaria dos cultos, dizendo coisas como "se Jesus está operando lá dentro, não deve usar anestesia para esse povo gritar tanto". Feliciano tinha catorze anos e se surpreendeu porque "o culto era agitado, diferente da missa, que era toda estática". No culto assembleiano, o pessoal pulava que nem pipoca. "Aquilo me tocou profundamente."

Uma gravação do começo dos anos 2000 registra o momento em que ele desafiou fiéis a algum dia o verem na política, o que significaria que se desviou de sua fé. Ainda era guiado pela ideia de que crente não se mete com política. Seu primeiro mandato, em 2010, veio como uma reação ao PL 122, um projeto de lei apresentado em 2006 para criminalizar a homofobia. O texto preocupou pastores e foi por eles apelidado de "lei da mordaça". Temiam que bastasse citar trechos da Bíblia que condenam a homossexualidade para serem enquadrados pela legislação. Um dos favoritos aparece no livro Levítico, do Antigo Testamento: "Não te deitarás com um homem como se deita com uma mulher. É uma abominação". O mesmo livro afirma que Deus repudia quem veste roupa com dois fios diferentes e come camarão, que segundo esta passagem seria impuro: "Mas tudo o que não tem barbatanas e escamas, nos mares ou nos rios, todos os animaizinhos que infestam as águas e todos os seres viventes que nelas se encontram, tê-lo-eis como imundos".

Reeleito três vezes, sempre com votações expressivas, Feliciano reverbera uma impressão comum entre parlamentares evangélicos. O PL 122 anabolizou as pretensões políticas dessa parcela da sociedade e consolidou em definitivo a certeza de que era necessário ocupar a capital do país. Evangélicos destacam que a dimensão de sua frente pode até parecer agigantada, mas na verdade ela está aquém da proporção da religião no país. Ou seja, ainda há margem para crescimento. E ela não é irrisória. Estima-se que evangélicos, que respondiam por menos de 10% da população na Constituinte, são hoje três de cada dez brasileiros. O último levantamento do bloco congressista computou 107 dos 513 deputados federais, 21% da Casa, portanto. O número flutua, pois depende de vários fatores, como suplentes que entram e saem dos cargos ao longo da legislatura.

Para fechar essa conta, não se leva em consideração necessariamente o número total de signatários da bancada, já que muitos deputados incluem seu nome na base da camaradagem — a formalização de uma frente parlamentar depende de um mínimo de 171 assinaturas. A atual aliança evangélica contou com 195 endossos, nem todos de evangélicos. Eros Biondini, por exemplo, a apoiou e é um carismático católico. O núcleo duro do bloco evangélico, com parlamentares realmente atuantes, que costumam frequentar os cultos e as reuniões da bancada, é ainda menor: menos de meia centena. O anglicano Kim Kataguiri é uma amostra disso. Seu nome está lá, mas ele disse que não frequenta encontros da turma. A eleição de 2022 elevaria o quadro geral para 202 deputados.

Sóstenes Cavalcante sentiu a pressão. Vencida a Covid-19, consolidou-se um senso de missão dentro desse pastor formado em missiologia e transformado em político sob a bênção de Silas Malafaia: o próprio Congresso Nacional, por onde circulam em dias normais até 25 mil pessoas, "é uma terra não alcançada para a evangelização".

> A gente sempre fala de ampliar a bancada evangélica, e associam isso a eleger mais evangélicos. Mas devemos ter os colegas como alvo de evangelização. Meu sonho é que a cada dia possamos ter mais deles que se convertam. Uma que sempre brinco, é muito amiga, gosto muito dela: Erika Kokay [do PT]: com sua retórica, sua oratória, daria uma excelente pastora. Falo em tom de brincadeira, mas se acontecesse seria uma realização.

Eleito em 2018 deputado federal pelo PSOL do Rio de Janeiro, Jean Wyllys abriu mão do terceiro mandato antes mesmo de tomar posse. Primeiro parlamentar assumidamente gay a encampar a agenda LGBTQIA+, Wyllys vivia no Brasil sob escolta policial e disse que as constantes ameaças que sofria o levaram a tomar a decisão de sair do país. Sóstenes gostaria de ter tido a oportunidade de lutar por sua conversão antes. "Imagina um Jean convertido. Se a fé me faz bem, claro que quero ela para o outro."

São planos de uma "agenda espiritual" para quando assumir a quina da bancada evangélica. Outra responsabilidade da qual se incumbe: desafiar igrejas a manter casais de capelães e pastores para atender parlamentares angustiados. Muitos deles têm depressão e sofrem calados, diz. "Às vezes nos olham como a um robô. Esquecem que é um ser humano que tem problemas familiares, financeiros às vezes, existenciais. Falta aqui um olhar humano." Antes de nos despedirmos, Sóstenes pede que eu espere um segundo, corre para seu gabinete e volta com um bonequinho de plástico pouco maior que o pão de queijo que me serviu no café da manhã. É a simulação de um feto com doze semanas, já com cabeça e membros visíveis, o polegarzinho direito na boca. Ativistas pró-aborto costumam estipular essa idade gestacional como um limite razoável para o procedimento. Se a fé lhe faz bem, claro que ele a quer para mim.

4.
Aborto

No princípio era o verbo. Ele veio cheio de lábia, depois de um culto, "dizer que meu cabelo estava muito lindo". Estava mesmo. Kathlyn não é de se gabar, mas admite que caprichou naquele sábado. Aprendiz de cabeleireira, esculpiu um coque trançado com as madeixas castanho-escuras, desses que se veem muito na cabeça das noivas. Era exatamente o que procurava: casar. Das três irmãs, só Kathlyn não tinha aliança no dedo. Temia ficar para titia. Que nem a tia Simone, irmã do pai, uma coroa de 53 anos que vivia com dois gatos, Sidney e Magal, numa quitinete.

Kathlyn tinha 24 anos quando conheceu Carlos Eduardo, o Cadu. Na época, ela frequentava um megatemplo da Assembleia de Deus no bairro paulistano de Santo Amaro. Ele era um pouco mais baixo que ela, um rapaz esguio que fazia "o tipo galego", com cabelo loiro e pele bem clarinha. Tinha sardas. Fisicamente, seu oposto: de pele preta, ela chamava atenção com seu 1,77 metro, o quadril largo, os braços musculosos do treino com o primo instrutor de academia.

Kathlyn não era virgem. Já tinha tido suas "aventuras", como resume a vida de solteira antes de se tornar evangélica, depois de uma decepção amorosa que a fez ser carregada para a igreja por uma amiga. Sentiu-se muito bem lá e nunca mais deu "nem beijo na boca", decidida que estava a só voltar a se entregar para quem a desposasse. Sua melhor aposta era um irmão da igreja, alguém que valorizaria essa posição. "Me arrumei toda porque algo me dizia que Deus tinha uma surpresinha pra mim naquele dia."

Quando Cadu, irmão de uma amiga, elogiou seu penteado, ela perguntou-se se estava diante do futuro pai dos seus filhos. Teve certeza de que sim no primeiro encontro, numa cantina italiana onde provou o melhor ravióli da sua vida, com queijo de cabra, e também brusquetas de entrada, tudo pago por ele. Namoraram por dois meses até ele a pedir em casamento. Kathlyn respondeu que sim e fez uma videochamada para contar aos pais, chorando, a novidade. "Foi o dia mais feliz da minha vida."

A pandemia de Covid-19 fulminou o plano de casar em abril de 2020. Cadu perdeu o emprego e a condição de pagar o aluguel do quarto e sala onde morava sozinho. Mesmo sem o título oficial de marido, acabou indo morar com a noiva. A quarentena rígida, que eles pensaram que duraria uma ou duas semanas, foi se estendendo por meses. Sucumbiram ao corpo um do outro em junho, duas semanas após a mudança. Kathlyn pediu que ele comprasse um teste de gravidez dois meses depois. Estavam de mãos dadas quando os dois tracinhos vermelhos, que sinalizam positivo, se materializaram no palitinho em cima da mesa. Fizeram juras de amor naquela noite e decidiram que, se fosse menino, o bebê se chamaria João Gabriel, caso viesse menina, Jessicah com "h" no final, porque ela achava mais bonito assim.

Converso com Kathlyn quase dois anos após ela pagar quatrocentos reais num combo de pílulas abortivas que a irmã mais nova conseguiu "com um conhecido". A caçula é a única da família que sabia de sua gravidez — e, agora, que tinha abortado. Ela aperta a mão forte uma sobre a outra antes de continuar. Parece que vai chorar a qualquer momento, mas não chora. "Por muito tempo, eu achei que tinha assassinado alguém. Não alguém qualquer. Eu tinha matado o João Gabriel ou a Jessicah. Mas eu não achava que tinha escolha. Eu não podia ser mãe solteira. Não tinha a menor condição."

Algumas semanas depois de descobrir a gestação, Cadu sumiu. Assim, de repente. Deixou algumas roupas, mas levou outras, assim como os documentos e um porta-retratos com a foto dos dois dividindo uma porção de pastel depois de um culto. Kathlyn desconfia que tenha voltado para o sertão baiano, de onde veio. Foram noites em claro especulando. E os enjoos gestacionais aumentando. Ela estava grávida havia nove semanas quando ingeriu as pílulas que provocaram um intenso sangramento e cólicas como nunca sentira antes. Os coágulos eram do tamanho de um punho de bebê. Foi a imagem mental que Kathlyn usou.

Conta que orou muito para tomar essa decisão. Depois que Cadu partiu sem dar explicação, ela caiu numa depressão "de ficar uma semana sem conseguir tomar banho". A perspectiva de ser mãe solo a aterrorizava. Temia que a criança nascesse a cara do pai, e que todo dia, pelo resto da vida, tivesse que se lembrar do homem que partira seu coração. Pensou em dar à luz e depois entregar para adoção, mas aí não teria como esconder de ninguém que engravidara antes de casar, e que o cara ainda dera no pé. Era muita humilhação.

Kathlyn prefere não ser identificada, e quem a convence a falar comigo é a irmã, que conheci anos antes, numa feira evangélica. A caçula da família é uma das poucas pessoas que sabem o que Kathlyn, hoje manicure autônoma, fez. Preservar a identidade é uma forma de não deixar a história cair na boca do povo. "De Deus eu não consigo esconder, mas não gostaria que mamãe soubesse. Ela não me perdoaria nunca."

Ela própria não consegue se perdoar. Faria tudo de novo? Faria. "Sabe aquele troço que você sente, mas sabe que se te dessem outra chance faria tudo igual? É isso. Eu vou sofrer pelo resto da vida com o que fiz. Mas eu sei que seria infeliz se tivesse aquele filho."

Kathlyn está casada, agora para valer. Um cara que conheceu num trabalho prévio, um cara "do mundo" — como evangélicos costumam chamar quem leva uma vida afastada dos valores cristãos. Carregou-o para sua nova igreja, agora uma pequena Assembleia de Deus do bairro. Eles acabaram de concordar em tentar ter filhos. Ele sabe do aborto. Não a julga. Oferece outro ponto de vista: se a esposa tivesse levado a cabo aquela gestação, provavelmente eles não teriam se encontrado, "Deus sabe o que faz". Na primeira vez que ele falou isso, Kathlyn chorou, um pouco de alegria, um pouco de tristeza.

Ela nunca foi exceção. Levantamentos sobre aborto colocam o Brasil diante de um fenômeno persistente e heterogêneo, que atinge todo ano centenas de milhares de mulheres de todas as classes sociais, regiões, cores e religiões. É difícil precisar quantas passam por isso, já que muitas o fazem por canais clandestinos, mas só em 2015 foram cerca de 416 mil, de acordo com a Pesquisa Nacional do Aborto consolidada no ano seguinte pela antropóloga Debora Diniz.

Evangélicos podem até produzir mais decibéis sobre o assunto, mas o ricochete religioso não é exclusividade deles. A Igreja Católica é pioneira no repúdio à técnica e já excomungou um médico que a realizou numa criança que havia engravidado de seu estuprador. Seus líderes têm por hábito frisar o horror do Vaticano ao ato. "A questão moral é se é certo tirar uma vida humana para resolver um problema. De fato, é certo contratar um assassino para resolver um problema?", já indagou o papa Francisco. Ele gosta de comparar a opção abortiva a um matador de aluguel.

A Federação Espírita Brasileira, por sua vez, tem um livreto definindo como "grave comprometimento [às] leis divinas" provocar um aborto em qualquer fase da gravidez, "uma vez que tal iniciativa impede que o Espírito, já ligado ao embrião, renasça no corpo físico que lhe servirá como instrumento de progresso".

O que os evangélicos fizeram foi assumir a dianteira dessa frente interreligiosa contra o aborto, o que provou ser uma excelente cola ideológica para mobilizar os seus. É um caldo aquecido por décadas até chegar ao atual ponto de ebulição. Kathlyn e eu fazemos uma videochamada na qual ela me conta que circulou no grupo de WhatsApp da igreja um vídeo de 1984 crucial para a popularização do que se convencionou chamar movimento pró-vida. Foi resgatado quase quatro décadas depois pela Brasil Paralelo, produtora de vídeos de pegada conservadora que floresceu nos anos Bolsonaro. Kathlyn ficou perturbada com as coisas ditas por aquele senhor de óculos fundo de garrafa, um rosto entediante de todo modo, que expressava com ar professoral os males do aborto após ter ele próprio conduzido milhares deles.

Bernard Nathanson é seu nome. Ginecologista-obstetra de Nova York, estava na proa do Centro de Saúde Reprodutiva e Sexual, "a maior clínica de aborto do Ocidente", como definiria anos mais tarde um já arrependido dr. Nathanson. Em artigo de 1974 publicado pela revista científica *The New England Journal of Medicine*, uma das mais importantes da área, ele falou sobre a comichão moral que passou a importuná-lo.

Na época, declarou estar "profundamente preocupado" por ter supervisionado o que agora conseguia perceber como "mais de 60 mil mortes", inclusive a do feto dentro do ventre de uma namorada. O ponto de partida para sua "excursão introdutória ao satânico mundo do aborto", escreveu mais tarde, aconteceu antes mesmo de se formar médico. Pagou, então, pelo aborto ilegal de uma outra companheira que havia engravidado.

Nathanson dizia que tecnologias popularizadas no começo dos anos 1970 o ajudaram a perceber que extrair o feto do útero de uma mulher não era diferente de tirar a vida de uma pessoa. A ultrassonografia "pela primeira vez abriu uma janela para o útero". E ainda tinha os monitores recém-instalados no hospital que permitiam acompanhar as batidas do coração embrionário.

"Pela primeira vez, a gente realmente podia ver o feto humano, medi-lo, observá-lo, enxergá-lo e, de fato, ligar-se a ele e amá-lo", ele escreveu em sua autobiografia. Chamou o livro de *The Hand of God*, a mão de Deus, cuja capa traz um pedaço de *A criação de Adão* — a pintura que o italiano Michelangelo salpicou no teto da Capela Sistina, com um Deus de barba branca quase tocando o dedo de um homem.

Em 1984, Nathanson produziu um libelo antiaborto em parceria com a organização evangélica Crusade for Life, o tal vídeo que perturbou Kathlyn. No filmete de meia hora, ele faz uma narração lenta e sepulcral para imagens do ultrassom do abortamento de um feto de doze semanas, que tem em média de cinco a seis centímetros, o tamanho de uma ameixa. *The Silent Scream*, o título da obra, refere-se à hora do procedimento que, para Nathanson, precede o assassinato de um inocente. "Vemos a boca da criança aberta em um grito silencioso", descreve enquanto o médico insere um tubo de sucção. "Pela primeira vez, vamos assistir a uma criança sendo dilacerada, desmembrada, desarticulada, esmagada e destruída pelos insensíveis instrumentos de aço do aborteiro."

Ele inicia a peça se justificando: quando era estudante de medicina, alegavam no máximo que aquele ser em formação "era algo no útero". Tudo mudou com a novidade do ultrassom. Como ficar indiferente àquela vida humana sendo destroçada por mãos igualmente humanas, mãos como a dele, inclusive, num passado que lhe dói rememorar?

Nathanson era um judeu de nascença que por muito tempo se apresentou como ateísta, até se converter ao catolicismo em

1996, já septuagenário. A descrença em Deus, dizia, começou a fraquejar já nos anos 1970. Até lá, já havia treinado um batalhão de médicos para fazer abortos. Estimou ter interrompido, com as próprias mãos, cerca de 5 mil gestações. *The Silent Scream* é também, para ele, um ato de redenção. Aí que a carreira como autointitulado militante pró-vida engatou de vez. Uma das mais bem-sucedidas ações de marketing desse movimento foi emplacar esse rótulo, uma contraposição direta entre vida (parto) e morte (aborto).

Distribuído por grupos antiaborto, o filme de Nathanson serpenteou pelos Estados Unidos adentro. Jerry Falwell, pastor batista e um dos televangelistas mais populares do país, exibiu-o em seu programa na TV a cabo. A produção chegou também à Casa Branca de Ronald Reagan, que recomendaria uma cópia a cada membro do Congresso, a fim de "se moverem rapidamente para acabar com a tragédia do aborto".

Falwell foi uma das molas propulsoras para a campanha vitoriosa de Reagan, ex-astro de Hollywood alçado a coqueluche do conservadorismo estadunidense, um tipo durão que falava grosso contra o comunismo e recebia cafunés de organizações como a poderosa União Conservadora Americana. Elegeu-se para o primeiro mandato presidencial em 1980. Dez anos antes, enviara uma carta para o cartunista Charles Schulz, criador da tirinha *Peanuts*, a da turma do beagle Snoopy. Reagan tinha ficado intrigado com a publicação do dia 20 de julho de 1970.

Lino pergunta à amiga Lucy: "O que aconteceria se houvesse uma criança linda e bastante inteligente no céu esperando para nascer, e seus pais decidissem que os dois filhos que já tinham eram o suficiente?". A menininha de vestido azul está vendo TV e nem desgruda os olhos da tela quando responde: "Sua ignorância de teologia e medicina é terrível". Lino se vira então na direção do leitor e diz: "Ainda acho que é uma boa pergunta".

A história em quadrinhos ganhou camadas de interpretação. Houve quem a enxergasse como uma alusão à crescente inquietação ambiental com uma Terra superpovoada. Reagan foi na onda dos que acharam ali uma reflexão sobre o aborto. Na época, vários estados americanos flexibilizavam suas leis sobre o procedimento. O próprio Reagan era o governador quando a Califórnia afrouxou sua restrição à prática, em 1967.

Ele ainda comandava o Executivo californiano quando começou a escrever a carta: "Querido Charles". Em duas folhas datilografadas, confessa que uma das tiras de Schulz o assombra, "de uma forma muito boa". Reagan afirma que se identificou com a angústia de Lino, sobretudo após assinar a legislação que ampliou possibilidades de aborto em seu estado. Ele discorre então sobre como se agarrou à religião para aceitar que uma mulher possa cessar uma gestação caso sua vida esteja em risco, uma autodefesa concebível na fé cristã. Mas o atormenta a ideia de que "uma mãe tenha o direito de tirar a vida de uma criança que ainda não nasceu simplesmente porque essa criança possa ser algo menos que perfeita ou porque a mãe apenas não quer se aborrecer".

Reagan ainda se diz pasmo por ter descoberto que psiquiatras estavam apontando tendências suicidas em grávidas solteiras, "e isso em diagnósticos tomados em menos de cinco minutos". Um artifício escancarado para encaixá-las no pré-requisito de "risco de vida à mãe" para o aborto ser permitido. Daí a tira de Schulz ter "tocado um nervo", explica o remetente da carta.

Um ano após ter sancionado a lei estadual pró-aborto, o futuro presidente dos Estados Unidos admitiu a Lou Cannon, jornalista que anos depois se tornaria seu biógrafo, que nunca o teria feito se tivesse mais experiência no cargo. Achava que tinha se deixado levar por conselheiros. Em 1980, o presbiteriano Reagan montou uma campanha presidencial radicalmente pró-vida, que advogava pela proibição de métodos abortivos em praticamente todos os casos. Três anos depois, já presidente, ele publicou o ensaio "Aborto e a consciência da nação".

Ali argumenta:

> Tenho dito muitas vezes que, quando falamos de aborto, estamos falando de duas vidas, a vida da mãe e a vida do nascituro. [...] Qualquer um que não tenha certeza de estarmos diante de uma segunda vida humana deveria claramente dar àquela vida o benefício da dúvida. Se você não sabe se um corpo está vivo ou morto, você nunca o enterraria. Penso que essa consideração por si só deveria bastar para que todos nós insistíssemos em proteger o nascituro.

A popularidade do presbiteriano Reagan é um evento xifópago à fundação da Maioria Moral, em 1979. O pastor Falwell, o mesmo que anos depois abrigaria em seu programa de TV o filme do dr. Nathanson, é o nome por trás do movimento que laçou a direita cristã e o Partido Republicano numa mesma redoma moralista. A oposição ao aborto entrou nesse pacote de causas. Não que evangélicos não se importassem com o assunto antes, mas a objeção mais estruturada ao procedimento só veio em meados dos anos 1970, o que fica claro quando se vê a mobilização das igrejas contra o Roe versus Wade: quase nenhuma.

Assim se chama o caso que levou a Suprema Corte americana a reconhecer o aborto como um direito constitucional da mulher, em 1973. Nem esse marco foi capaz de eletrizar as grandes denominações evangélicas do país, ao menos não num primeiro momento. Um bom termômetro é a maior de todas elas, a Convenção Batista do Sul, com estimados 50 mil templos para 15 milhões de membros.

Antes e depois do Roe versus Wade, a Convenção publicou resoluções razoavelmente flexíveis sobre o procedimento. Dizia trabalhar por uma legislação que o liberasse em contextos como "estupro, incesto, evidências claras de deformidade fetal grave e evidências cuidadosamente verificadas da probabilidade de danos à saúde emocional, mental e física da mãe". Uma mulher que apresentasse um laudo médico atestando sofrimento psicológico com a gravidez teria, em princípio, salvaguarda do pastor para cessá-la.

Cinco anos antes da batalha judicial, a *Christianity Today*, principal revista do evangelicalismo, organizou uma conferência com a Sociedade Médica Cristã para discutir a moralidade do aborto. Dali saiu uma declaração reconhecendo que o tema era nuançado demais para que se batesse o martelo. A nota dizia que não havia acordo, entre os teólogos convocados para o evento, sobre considerar a prática pecaminosa. "Sob certas circunstâncias", o grupo concordou que tudo bem abortar.

Carl Henry, fundador da *Christianity*, chegou a dizer que "o corpo de uma mulher não é domínio e propriedade de outros". Já o editor que o sucedeu no comando da publicação, Harold Lindsell, ponderou: "Se houver razões psiquiátricas convincentes do ponto de vista cristão, misericórdia e prudência podem favorecer um aborto terapêutico".

A verdade é que os evangélicos consideraram o aborto uma questão católica durante a maior parte daqueles anos. "Só mais perto do fim daquela década, antes da eleição presidencial de 1980, eles vão começar a se interessar pelo tópico", diz o historiador da religião Randall Balmer.

Balmer, autor de *Bad Faith: Race and the Rise of the Religious Right*, não se refere ao todo evangélico, e sim às igrejas brancas. A bifurcação era comum num país que só nos anos 1960 tirou o respaldo constitucional das leis discriminatórias do pós-escravidão — e que obrigaram negros a ter escolas, restaurantes e até banheiros separados, entre outras formas de marginalização social. As políticas de segregação racial foram caindo de podre a partir da segunda metade do século XX, e esse capítulo da história se embaralha com a promoção da causa antiaborto à ponta de lança do movimento conservador americano.

Antes disso, o lobby cristão concentrava esforços para manter a divisão segregacionista em instituições educacionais evangélicas. Outro julgamento da Suprema Corte deu um empurrãozinho para o despertar político desse quinhão religioso. Em 1971, o mais alto tribunal do país deliberou que um colégio particular não poderia pleitear isenção de impostos se insistisse em aceitar apenas alunos brancos. Muitos desses espaços eram financiados por igrejas em estados de herança escravagista. Foram eles que acolheram brancos que migraram para o sistema privado após mais um posicionamento da Suprema Corte, este de 1954: proibir escolas públicas de excluir alunos com base na cor da pele.

Jerry Falwell abriu sua própria faculdade em 1967. Como dizia a propaganda, "uma escola privada para estudantes brancos", embrião da Liberty University, hoje a mais renomada universidade evangélica dos Estados Unidos. Óbvio que o pastor estava enfurecido com aquela decisão do tribunal que ameaçava seus negócios. O jeito era partir para a briga política. "Quando a Receita Federal ameaçou rescindir benesses fiscais, provocou Falwell e outros a se tornarem politicamente ativos", diz Balmer. "O surgimento da direita religiosa foi o auge desses esforços."

Logo ficou claro, contudo, que continuar batendo na tecla segregacionista era um recurso fraco para energizar a base evangélica. Já o aborto, esse sim provou-se capaz de agitar a turba de fiéis. "Havia uma corrente pró-vida antes disso, mas não era uma questão dominante", diz o teólogo Timothy George, fundador da Beeson Divinity School. "O que mudou:

a Igreja Católica sempre se opôs ao aborto, mas a Renovação Carismática [movimento católico vizinho ao pentecostalismo] tornou-se muito mais vocal após Roe versus Wade. Aí os evangélicos se aliaram aos católicos para resolver esse problema."

No Brasil, as igrejas evangélicas vão demorar um pouco mais para se engajar nesse tema. Ao contrário dos Estados Unidos, onde a parcela cristã sempre foi maioria, até os anos 1980 os crentes ainda eram uma fatia tímida da população brasileira, inferior a 10%, e mal participavam da cena política nacional. Esse envolvimento engrenou na Assembleia Nacional Constituinte, eleita em 1986 para formular a nova Constituição num Brasil recém-liberto da ditadura militar. A primeira bancada evangélica, com 33 deputados, germinou ali. A oposição ao aborto entrou em seu balaio de pautas morais.

A Igreja Católica, por meio da CNBB, tinha mais muque para pender esse cabo de guerra para o lado conservador. Constituintes evangélicos, ainda sem a pujança parlamentar que vemos hoje, serviram de linha auxiliar nessa causa. Um dos mais empenhados era o maranhense Costa Ferreira, um quadro oriundo do Arena, o pulmão partidário do regime militar, e ligado à Assembleia de Deus. Opor-se ao aborto, dizia esse homem, era priorizar o bem-estar feminino. "Não nos podemos tornar covardes, a fim de agradar uma minoria qualquer, e dizer que somos a favor do aborto, quando isto é prejudicial à mulher", disse Ferreira em 1987.

Na sua lógica, defender a interrupção voluntária da gravidez era o mesmo que condenar à morte uma penca de mulheres, sobretudo as mais vulneráveis socialmente. Era também um "genocídio à própria raça brasileira", sem contar que era um desrespeito à vontade divina. "Só quem não teme a Deus quer que seja liberado o aborto", afirmou o parlamentar, que contudo via a intervenção como plausível em duas situações: risco de morte para a gestante ou estupro. Neste último caso, contemporizou Ferreira, "sendo a mulher casada e o marido sabedor do ocorrido, o fato pode causar problema".

Da Assembleia Constituinte saíram diálogos por vezes pitorescos, que esbugalhavam rusgas mesmo entre os parceiros evangélicos. Este aconteceu entre o pentecostal Sotero Cunha e a adventista Eunice Michiles. A dupla discutia se o aborto, em algumas conjunturas, poderia ser considerado um mal necessário. A mulher que engravida após ser violentada, por exemplo. Sotero: "Está provado cientificamente que a mulher pode evitar o estupro". Eunice: "Mesmo com um revólver apontado para a cabeça?". Ele de novo: "Bem, pode perder a vida, mas evitar o estupro".

Eles podiam divergir em pormenores, mas não perdiam de vista o objetivo comum de parir um repúdio constitucional ao aborto. Os pentecostais eram os mais fervorosos. Em sua tese de doutorado sobre o embarque dos evangélicos na política brasileira, o sociólogo Paul Freston dimensiona a fissura do bloco pela causa. Uma emenda para garantir que a Constituição se comprometesse a "proteger a vida desde a concepção" teve 22% de aceitação geral entre os constituintes e 93% nesse segmento evangélico em particular.

Enquanto os constituintes se encarregavam de elaborar a nova Carta do país, o tema se espraiava pelas páginas do *Mensageiro da Paz*, jornal fundado em 1930 por Gunnar Vingren, um dos missionários suecos que trouxe a Assembleia de Deus ao Brasil. A edição de setembro de 1988 apontava o dedo para uma irmã da minoria à esquerda da bancada evangélica.

Benedita declara que, como pessoa individual, é contra o aborto, mas quer que ele seja aprovado por conhecer de perto as condições em que as mulheres o praticam. Declara ainda que já optou pela prática do aborto, "porque não tinha a menor condição de receber o meu filho naquela época". O curioso é que tal propositura procede de alguém que supostamente estaria na Constituinte para lutar contra toda sorte de discriminações, menos, evidentemente, a discriminação contra os bebês cujos pais não teriam a menor condição financeira e emocional.

A berlinda cabia à petista Benedita da Silva. Não que seu discurso fosse uma cantata ultraprogressista. Ela admitia que, dentro da moral cristã, inclusive a incutida nela, "não podemos deixar de reconhecer que estamos falando da vida, uma vida que está no útero de uma pessoa". Benedita, contudo, entendia que a decisão cabia a quem, afinal, era dona daquele útero. "O problema não é ser a favor ou contra, mas ter percepção e sensibilidade para sua gravidade, além de respeito pelo direito de a mulher decidir", disse em 1987, numa subcomissão do Congresso.

Benedita interrompeu uma gestação antes de se converter. Em entrevista ao sociólogo Freston, afirmou que sua consciência espiritual já não lhe permitia compactuar com o aborto na esfera pessoal. Mas, sim, ela tinha feito um. Viu-se sem alternativas. Existia uma "fome incontrolável" na época, e patrão nenhum queria uma criança por perto, justificou a ex-empregada doméstica. O *Mensageiro da Paz* não perdoou: "A prevalecer essa tese, todas as crianças, filhas de pais pobres, terão de ser abortadas, sendo-lhes negado o direito à vida".

Volto ao episódio de uma tarde de janeiro, já no fim de uma entrevista em que Benedita discorre com desembaraço sobre como concilia atividade política e fé, em seu gabinete no centro do Rio de Janeiro. A lembrança a emudece por alguns segundos. Quando retoma, sua fala ganha peso extra, como se as palavras saíssem de sua boca arrastando uma bola de ferro. "Eu sei quais foram as condições que me levaram a fazer isso. Não…" Ela faz uma pausa antes de continuar.

Achei uma violência, foi ruim pra mim. Psicologicamente foi ruim pra mim. Eu fiquei com uma decisão sozinha. Por mais que a gente tenha até um companheiro, tem certas dores que você não compartilha, não tem como compartilhar. Só você, só você. Então não foi legal, não aconselho. As feministas sempre dizem: ninguém é a favor do aborto. Mas eu lutei, lutei muito pelo aborto em gravidez de risco, pela questão do aborto no estupro, porque fui estuprada aos sete anos de idade.

Está claro, a essa altura, que a memória ainda a assombra. "Tô falando as coisas não porque sou evangélica. Estou falando como uma pessoa [para quem] não foi legal, não foi legal pra mim. Se não foi legal pra mim, pode ser legal pros outros. Eu não condeno quem faz essas opções. Mas pra mim, não. Pra mim, não. Sou é solidária."

Quando era auxiliar de enfermagem, Benedita conta, "as mulheres chegavam lá com hemorragia, se acabando". E isso lá era hora para chamar a polícia ou mesmo passar um pito moral? "Sempre fui pra beira da cama delas. 'Melhorou? Já passou? Como você tá?' Porque não dava mais, ela já tinha feito o aborto. Agora não adianta, vai deixar morrer? Não, tem que cuidar."

No fim, a Constituição que ela ajudou a escrever não apresentou nenhuma alusão direta ao aborto, a favor ou contra, assim como as seis cartas magnas prévias do Brasil. O aborto apareceu pela primeira vez na legislação brasileira em 1830, no Código Criminal do Império. Não havia, então, uma norma para punir a gestante, só quem realizasse o procedimento nela. Isso mudou sessenta anos depois, com um novo regramento penal que passou a criminalizar também as mulheres.

O que ficou, hoje, é a penalização prevista no Código Penal, contra quem faz e quem recebe o procedimento. Só em três situações há o que chamamos de aborto legal: se houver risco à vida da mãe, o feto for anencefálico (direito assegurado pelo STF em 2012) ou a gravidez resultar de estupro.

Nos anos seguintes, os evangélicos não se empenharam para derrubar essas possibilidades abortivas, diz a antropóloga Jacqueline Moraes Teixeira, que estudou questões de gênero na Igreja Universal.

> Apesar de a pauta estar na Constituinte e nas discussões sobre o Programa Nacional de Direitos Humanos [de 2009, no governo Lula], não havia uma mobilização pública por parte de igrejas. A maioria sempre disse seguir a Constituição. Essa agenda não tinha uma visibilidade capaz de produzir engajamento de ir para a rua, como vimos em 2020 com a menina de dez anos que engravidou após um estupro.

Teixeira se refere à menina capixaba "com cara de bebê ainda, muito calada, com olhar muito triste e, ao mesmo tempo, tão segura", como relatou depois, à *Folha de S.Paulo*, uma enfermeira envolvida na operação. A criança se agarrou a uma girafa de pelúcia enquanto interrompia uma gravidez. Era seu desejo e o da família. O companheiro de uma tia a estuprava desde seus seis anos, e ela, criada por avós, vendedores de coco, órfã de mãe e com o pai preso, engravidou dele após entrar na puberdade.

O aborto, em seu caso, é um direito garantido por duas condições descritas no Código Penal: gravidez após estupro e risco de morte (seu corpo infantil poderia não suportar a gestação). Ainda assim, ela precisou entrar no hospital escondida no porta-malas de um carro, porque o portão principal do hospital que aceitou realizar o procedimento (outro já havia se recusado) estava tomado por ativistas cristãos. O grupo formou um paredão para chamar os médicos de assassinos. Reportagem da

Folha de S.Paulo mostrou que Damares Alves, então ministra da Mulher, da Família e dos Direitos Humanos no governo Jair Bolsonaro, interveio nos bastidores para impedir que a criança fosse submetida a um aborto.

Onze anos antes, em 2009, um coliseu midiático se ocupou de um caso similar, desta vez com uma menina de nove anos grávida de gêmeos. A menina tinha 1,32 metro e foi violentada pelo padrasto. Em 2016, o médico que havia conduzido o aborto deu uma entrevista à BBC sobre aquele dia. "[Ela] tinha menstruado uma vez só e não entendia o que estava acontecendo, embora fosse dito para ela o que era uma gravidez. Ela achava que estava doente e ia para o hospital tirar o tumor. Estava sempre com uma boneca."

O obstetra Olímpio Moraes acabou excomungado pela Igreja Católica, e o aborto que fez ajudou a selar a aliança entre ultraconservadores católicos e evangélicos. A fúria de religiosos voltou a cair sobre o dr. Moraes onze anos depois, quando ele topou fazer o aborto na criança violentada no Espírito Santo. Na época, Malafaia foi um dos pastores a trombetear contra "esse miserável desse médico aborteiro", que ele jurou que ia "pagar um preço caro diante de Deus".

Crianças que carregam filhos de seus algozes são um impasse difícil de resolver mesmo nos núcleos pró-vida mais aguerridos. A princípio, não haveria por que justificar a anulação de um embrião, ainda que ele tenha sido gerado a partir de um ato tão monstruoso quanto um estupro. Aquele ser em formação, afinal, não teria por que pagar com a vida pelo crime paterno. Ainda assim, é um vespeiro que líderes religiosos não costumavam cutucar, não de forma articulada.

Os ventos têm mudado, e um drama congênere revelado em 2022 pelo site The Intercept Brasil colaborou para essa mudança meteorológica. Após engravidar aos dez anos, uma menina catarinense teve seu direito ao aborto postergado por manobra de uma juíza. A garota foi enviada a um abrigo, distante da família, para que não tivesse a gestação cessada. Quando a reportagem foi publicada, ela estava caminhando para a 29ª das quarenta semanas previstas de uma gravidez.

O Intercept divulgou a transcrição de um diálogo entre a magistrada e a criança, que aconteceu durante uma audiência judicial quando a vítima ainda estava na 22ª semana.

— Qual é a expectativa que você tem em relação ao bebê? Você quer ver ele nascer? — pergunta a juíza.
— Não.
— Você gosta de estudar?
— Gosto.
— Você acha que a tua condição atrapalha o teu estudo?
— Sim.

A menina completaria onze anos em alguns dias. A juíza lembrou disso.

— Você tem algum pedido especial de aniversário? Se tiver, é só pedir. Quer escolher o nome do bebê?
— Não.
— Você acha que o pai do bebê concordaria pra entrega para adoção?
— Não sei.

A reportagem causou comoção pública, e a garota conseguiu enfim fazer o aborto. Ela já tinha avançado para o sétimo mês de gestação, fase em que o feto, se nascer prematuro, tem condições razoáveis de sobreviver. Líderes cristãos remodelaram seu discurso a partir daí. Uma coisa é relevar, em circunstâncias tão horrorosas quanto um abuso, a interrupção de uma gravidez num estágio em que a vida extrauterina é quase impossível. Outra, diziam, é aceitar o assassinato de uma criança com boas chances de perdurar fora da barriga.

Outro fator encorajou essa turma a reabrir a discussão sobre permitir o procedimento em mulheres vítimas de estupro. É mais difícil sensibilizar a opinião pública diante de crimes indisputáveis como o da violência sexual que resulta na gravidez de uma criança que ainda deveria estar brincando de boneca, como o relato inicial induzia o leitor a concluir, que um adulto teria abusado da menina. Uma investigação, contudo, apontou que, no caso, a relação poderia ter acontecido com um menino de treze anos, de forma "consensual" — um conceito no mínimo difuso, dado que estamos falando de duas crianças sem maturidade jurídica, inclusive, para terem noção do que fazem.

Isso não remove a cobertura da Justiça que a menina tinha para pleitear o aborto, já que todo sexo com menores de catorze anos é enquadrado como estupro de vulnerável. Mas a omissão, na primeira matéria, das nuances prementes do caso criou uma atmosfera favorável ao grupo que tenta fechar o maior número possível de janelas legais para uma mulher abortar. O argumento evocado: se estamos tratando de dois menores de idade, ambos inimputáveis, não estamos mais falando de um crime hediondo, certamente não no imaginário popular. Tudo bem apenas descartar o bebê de sete meses gerado pela relação deles? Os pastores viram ali uma janela de oportunidade para fulminar seus rivais ideológicos.

Dessa vez, muitos se pronunciaram em tom alarmista sobre um suposto plano progressista para moer vidas inocentes. O episódio explanou como o naco cristão disposto a comprar essa briga tem saído das bordas conservadoras e agido para tumultuar cenários em que o aborto tem garantia legal, numa rede que abrange conselheiros tutelares, padres, pastores, enfermeiros, médicos, políticos e membros do Judiciário brasileiro. Até o presidente da República se posicionou depois do imbróglio catarinense, sinal de que a discussão foi definitivamente tragada para as guerras culturais, essa sucessão de batalhas por corações e mentes que polariza conservadores e progressistas nas raias ideológicas.

No Instagram, Bolsonaro postou a foto de um bebê que ficou seis meses na barriga da mãe, um a menos do que a idade gestacional do feto que acabou sendo abortado no Sul do país. "A única certeza sobre a tragédia da menina grávida de sete meses é que tanto ela quanto o bebê foram vítimas, almas inocentes, vidas que não deveriam pagar pelo que não são culpadas, mas ser protegidas do meio que vivem, da dor do trauma e do assédio maligno de grupos pró-aborto", escreveu. A ele se seguiram lideranças de expressão nacional, como André Valadão, um pastor particularmente pop entre a juventude evangélica. "É isso aí, gente", ele começa, uma música sentimental tocando ao fundo. "A menina de onze anos abortou, e as notícias que agora a gente sabe é que ela ficou grávida de um menino de treze anos. Das três crianças, a única que não teve opção de escolher viver foi o bebê [...]. São milhares de famílias que adotariam esse bebê."

Na mesma semana, os Estados Unidos exportariam excelentes notícias para ouvidos conservadores, após a Suprema Corte reverter a decisão que havia tomado 49 anos antes ao acolher o aborto na guarida constitucional — com a anulação do Roe versus Wade, cada estado ficou livre para deliberar se o procedimento pode ou não ocorrer em seu território, e vários deles se mobilizaram para impossibilitá-lo mesmo após um estupro ou incesto.

A paulada nos direitos reprodutivos das americanas animou uma turma brasileira a ensaiar movimento similar no Brasil. Em 2022, quatro meses antes da eleição presidencial daquele ano, o Ministério da Saúde da gestão bolsonarista lançou um manual encharcado de avaliações morais para orientar a conduta clínica em casos de aborto. O documento cria empecilhos para a realização do procedimento mesmo quando o respaldo da legislação é claro. A cartilha afirma que "não existe aborto legal, como é costumeiramente citado, inclusive em textos técnicos", e que "todo aborto é um crime, mas quando comprovadas as situações de excludente de ilicitude após investigação policial, ele deixa de ser punido". Instala, assim, um terrorismo psíquico em torno da prática, com a sugestão de que mulheres que recorrerem a ela são criminosas passíveis de investigação policial, e que, no máximo, podem deixar de receber sanções penais.

A nota técnica também estabelece um teto de 22 semanas de gestação para que o procedimento seja feito, o que não tem guarida legal. O debate migrou para o Supremo Tribunal Federal, cobrado por entidades da sociedade civil a assegurar que nenhum aborto legal deixará de ser feito por causa do manual do ministério.

Encontro Silas Malafaia no lobby de um dos hotéis mais chiques de Belém, dias antes de o Intercept publicar a reportagem que renovou o fôlego dos grupos pró-vida. Na véspera, o pastor havia se reunido com Bolsonaro num evento da Igreja Quadrangular que atraíra milhares de fiéis à periferia da capital paraense. No *backstage*, enquanto comia uma banana, o presidente ouviu apelos para fazer sua campanha à reeleição pautada em valores deste conceito tão caro a evangélicos que é a família tradicional brasileira. Como se precisassem pedir duas vezes.

Falando alto, por vezes batendo no chão os pés entocados num chinelo Adidas, Malafaia emite sua opinião com o desembaraço que lhe é habitual, embutindo a expressão "minha filha" a cada duas ou três frases. Recicladas de falas prévias, as palavras saem de sua boca sem ineditismo, às vezes escoltadas por um chuvisco de saliva.

Seu discurso reflete o da maioria dos pastores com quem tratei, ao longo dos anos, sobre seu grau de satisfação com o status legal do aborto no Brasil. Nunca ouvi nenhum que implicasse com sua validade para gestações que imponham risco à grávida. "Aí é escolha de vida, mudou o jogo", esclarece Malafaia depois de soltar um "ham-ham" triunfal, interjeição que pigarreia com frequência para mostrar ao interlocutor que se vê como o vencedor daquele duelo verbal. Ele diz que estava à espera dessa pergunta. As feministas sempre tentam pegá-lo no pulo com essa, como se quisessem fazê-lo admitir que prefere comprometer a saúde materna a aleijar uma visão inflexível perante o aborto. "Se você tem duas vidas, escolhe a que tem laço social." Entre feto e mãe, fica a mãe.

Ele dá alguns passeios retóricos quando pergunto se as lideranças evangélicas têm alguma pretensão de questionar as três exceções hoje concedidas para paralisar uma gestação. O estupro seria a mais frágil delas, um ponto fora da curva explorado para "causar comoção e aprovar o aborto geral", segundo o pastor, para quem "99,99999% [das gestações] é fruto de promiscuidade, não tem nada a ver".

Só em 2021, ao menos 56,1 mil mulheres foram violentadas no Brasil, o que dá uma média de um estupro a cada dez minutos, segundo dados do Fórum Brasileiro de Segurança Pública. Não há números exatos sobre quantas engravidaram de seu estuprador, mas o que se sabe é que, nesse mesmo ano, se tornaram mães mais de 17 mil menores de catorze anos — pela idade, podem ser automaticamente consideradas vítimas de estupro de vulnerável.

Malafaia tem uma teoria. Idealmente, Deus daria forças às mulheres nessa condição para parir o filho. Não apenas pelo bem do feto. Faria bem à própria mãe não se submeter a um aborto, na lógica do pastor.

Para uma mulher ser estuprada, isso é uma coisa horrorosa, certo? Pelo amor de Deus! Agora, vamos para uma questão prática aqui. Serão nove meses de sofrimento gerando alguém que ela não quis, mas para uma vida toda livre. Agora, trinta ou sessenta dias para matar o bebê no ventre garantem uma vida toda de problemas somáticos ou psicológicos.

Malafaia repesca na sequência o mesmo argumento que, em 2008, apresentou numa audiência pública no Congresso que debatia um projeto de lei para descriminalizar o aborto, introduzido lá no começo dos anos 1990. "Eu jantei as feministas, jantei", o pastor dá sua versão para aquela tarde. "Elas estavam pensando que eu ia lá com a Bíblia, que ia falar 'porque Deus condena a morte, a vida é um dom de Deus', pipipi, popopó. Eu só vim na ciência e na sociologia. Eu entortei elas, entortei quando o aborto foi derrotado. Lavei minha alma."

No dia em questão, o pastor trilhou a mesma linha argumentativa, com construções quase idênticas, que me apresentaria catorze anos depois, naquele hotel cinco estrelas do Pará. Disse então:

Qual é a diferença, senhores, entre cada um que está aqui e o óvulo fecundado? Eu lhes respondo: o tempo e a nutrição. O óvulo fecundado tem dez dias, vinte dias, trinta dias, dois meses, quatro meses. E nós temos trinta anos, quarenta anos, cinquenta anos, sessenta anos. Nós comemos arroz e feijão, e o óvulo fecundado está em simbiose com a mãe, para obter nutrientes.

Já foi dito e eu repito: na gestação, o agente ativo é o feto; o agente passivo é a mãe. É o feto que se protege com aquela cápsula para não ser expulso do corpo da mãe como um ser intrujão. É o feto que regula o líquido amniótico. É o feto que, em última instância, determina a hora de sair.

Senhores, o feto não é prolongamento do corpo da mulher, como as unhas e os cabelos, que podem ser cortados ou aparados! E eu gosto de analisar a frase feminista: "Toda mulher tem o direito de determinar sobre seu próprio corpo". Vamos analisar a frase.

Comecemos pelo primeiro trecho: "Toda mulher...". Pelo menos 50% — a metade— dos fetos são mulheres e não tiveram o direito de determinar sobre seu próprio corpo. Que defesa é essa?

Agora a segunda parte: "... tem o direito...". Também já foi dito aqui e eu repito: ninguém, juridicamente, tem direito absoluto sobre seu próprio corpo, que dirá sobre o dos outros.

Por fim: "... tem o direito de determinar...". Determinar indica responsabilidade de ação. A maioria dos abortos são fruto de promiscuidade e de falta de educação. Essa é que é a verdade que não querem aceitar!

Agora, senhores, o que me envergonha é o seguinte: defende-se mico-leão-dourado, punindo com crime inafiançável quem o mata; defendem-se matas, defendem-se baleias, defende-se até capim; mas a vida humana é coisificada. É a coisificação do ser. É uma vergonha! Faz-se propaganda; há entidades para defender matas, capim, passarinho, gato e cachorro. Mas o ser humano é tratado como lixo.

Malafaia e sua trupe ganharam essa. Sob relatoria do evangélico Eduardo Cunha, que teria uma presidência da Câmara dos Deputados e uma cassação penduradas para a década seguinte, a sugestão legislativa para deixar de considerar aborto um crime acabou arquivada. De lá para cá, deputados e senadores apresentaram dezenas de outras propostas sobre o tema, muitas ainda em tramitação. A maioria busca dificultar ainda mais a vida das mulheres que preferem não levar uma gravidez adiante.

É Camila Mantovani quem sugere o agradável restaurante de culinária nordestina no bairro onde nós duas moramos em São Paulo, Perdizes. Mudou-se tem pouco tempo, depois de uma temporada em Brasília com a companheira. Antes, havia passado quase um ano em Porto Rico, um autoexílio que se impôs diante das ameaças de morte que disse ter recebido por seu ativismo. Malafaia chegou a gravar um vídeo em 2017 todo dedicado a esculhambá-la, a "menina influenciada por esquerdopatas", uma "estudante de universidade federal" que só fala "baboseira".

Camila milita na Frente Evangélica pela Legalização do Aborto. Ela está entre os 4% de evangélicos que gostariam de ver o procedimento liberado irrestritamente, em medição feita pelo Datafolha em maio de 2022. O instituto de pesquisa também levantou que 15% dos crentes são simpáticos a uma ampliação parcial das possibilidades legais da prática, contra uma ampla maioria de 42% que preferem manter tudo como está e 37% favoráveis a eliminar qualquer permissão para abortar.

Quando chego, Camila já me espera na mesa. Pediu um suco de morango e uma moqueca vegana. O esmalte verde-piscina deixa mais visível a tatuagem nos dedos da mão esquerda, um acrônimo que em grego antigo forma a expressão "Jesus Cristo, Filho de Deus, Salvador", adotado por cristãos primitivos para simbolizar sua fé. Tem a pele preta, os braços tatuados, os cabelos cacheados e uma estética típica do "povo de humanas", chiste contra o pessoal progressista que se formou em ciências humanas. Camila faz parte desse grupo, não pode negar. Malafaia estava certo num ponto, Camila de fato estudou numa federal, a UFRRJ (Universidade Federal Rural do Rio de Janeiro).

Curioso é que ela tinha o pastor carioca como uma de suas bússolas éticas na adolescência. Começou a faculdade de ciências sociais concordando com ele que o aborto não era algo de Deus. Até já se via como alguém de esquerda, feminista, "mas essa era uma fronteira para mim no feminismo, eu conseguia abraçar um monte de coisa, mas chegava nisso, eu empacava e não conseguia lidar".

Teve que lidar na marra. Um dia, a colega de quarto, uma jovem negra "de contexto bastante pobre", criada na igreja como ela, anunciou que estava grávida e decidida a abortar. Tomou comprimidos para tanto. "Cheguei em casa, e ela estava tremendo na cama, suando frio. Ficou algumas horas nesse processo. Começou a achar que ia morrer, orava pedindo perdão a Deus, disse que ia pro inferno."

Foi para o hospital, mas antes ganhou cafuné de Camila. "Fiquei tão em pânico que a única coisa que consegui fazer foi deitar a cabeça dela no meu colo. Fiquei fazendo carinho e cantando louvores." Quando partiram à procura de ajuda médica, as duas e um amigo, encontraram um ambiente inóspito, coalhado de enfermeiros desconfiados da história que contaram para disfarçar o aborto ilegal. Camila se lembra de sentir um "terror absurdo" naquela tarde. "Foi essa experiência que mudou radicalmente minha percepção."

Camila é o que chamamos de evangélica de berço, alguém que cresceu em lar cristão. A modalidade é mais ou menos nova, já que até a década de 1980 quase ninguém nascia crente, o grupo evangélico se expandia mais na base da conversão. Esses crentes tiveram filhos, e em uma ou duas gerações surgiu uma legião de fiéis que construiu sua identidade religiosa desde a infância. Camila faz parte desse contingente. É filha de dois pastores que, antes de se separarem, pregavam na mesma igreja neopentecostal na periferia do Rio de Janeiro. Hoje a mãe dela faz aniversário, aliás. A relação das duas acumula alguns solavancos desde que a jovem ajudou a fundar o movimento de evangélicas a favor do aborto.

Acha que a mulher que a pôs no mundo dá um bom retrato da evangélica média. Na teoria, assina embaixo de cada linha conservadora que absorve dos grandes pastores que via na TV e, agora, acompanha nas redes sociais. A prática, porém, não lhe permite levar a ferro e fogo tudo o que a elite pastoral apregoa. Isso ficou claro para Camila quando foi visitar a mãe e a encontrou aborrecida. Tinha assistido a uma entrevista que a filha dera sobre o trabalho da frente que apoiava o direito à interrupção da gravidez. "Ela estava muito decepcionada comigo, falou que não me criou para defender assassinato de criança. Foi difícil, ela claramente estava tomada de emoção."

Camila decidiu, então, entrar com a razão. Questionou quantas mulheres a procuraram em busca de auxílio espiritual após um aborto. "Muita gente", respondeu a pastora. "E aí, você chamou a polícia pra elas?", quis saber a filha. "Ela ficou muito assustada com essa pergunta, falou que era absurdo chamar a polícia, já que as mulheres chegavam até ela completamente desoladas, várias delas em crise depressiva, precisando de apoio." A mãe foi categórica ao afirmar que seu trabalho era ajudar essas moças "para que isso não vire um caso de polícia, e sim de oração".

As duas tinham um objetivo em comum então, argumentou Camila. Nenhuma queria que o aborto fosse visto como um crime, e que mulheres desesperadas vestissem o macacão de presidiária. Não dá para dizer que a pastora hoje iria para a linha de frente lutar pela descriminalização, "até porque com a minha mãe são três passos para a frente, e cinco para trás", diz Camila. "Mas ela tem tentado olhar para essa questão com um pouco mais de cuidado."

Camila para de falar um pouco. A moqueca tinha chegado à mesa fumegante, agora esfriou. Quando começa a falar, é difícil parar. Tem muito a dizer. Conta que ela e outras evangélicas passaram a articular o grupo pela legalização em 2017, e que o negócio andou para a frente mesmo no ano seguinte, quando o Supremo Tribunal Federal organizou uma audiência pública para discutir uma ação proposta pelo PSOL, Partido Socialismo e Liberdade, de esquerda. A peça sugeria a descriminalização do aborto até a 12ª semana de gestação. Muita gente foi, do pessoal da ciência a religiosos, tanto do lado católico quanto do evangélico.

Camila conta que ela e as amigas, diante do que os pastores depararam com a argumentação da "galera conservadora", viram necessidade de marcar posição. Os pastores batiam "principalmente em uma coisa, que descriminalizar o aborto no Brasil era antidemocrático, porque o Brasil é um país religioso, e nenhuma religião tinha acordo sobre a descriminalização do aborto", lembra. "A gente ficou muito puta. Se eles não têm autorização nem para falar em nome de todos os evangélicos, que dirá em nome de todos os religiosos."

A turma de Camila é um cisco progressista em seu círculo, e sabe disso. Portanto, compreende que qualquer poder de persuasão precisa estar ancorado também na teologia, e não só nos argumentos de praxe que evocam questões de saúde pública, para atingir o coração do crente comum. O conceito de graça, por exemplo. A ativista lembra da passagem bíblica sobre "uma mulher apanhada em adultério".

"Os caras queriam apedrejar, porque a lei dizia que ela podia ser apedrejada." Foi nessa hora que Jesus interveio e disse a célebre frase, que atirasse a primeira pedra aquele que não tivesse um pecado para chamar de seu. "Ali, Jesus coloca a dignidade da mulher acima da lei. Pra gente, isso é uma chave de leitura importante do texto", explica Camila. O mesmo conceito cabe àquela que aborta em desrespeito à legislação vigente. "Que sentido faz a gente condenar essa mulher em vez de acolhê-la? É muito anticristão."

Um raciocínio que a enerva: quem pega "textos completamente 'x', como o dos Dez Mandamentos, 'não matarás' etc." para fabricar uma atmosfera homicida em torno do aborto. "No capítulo seguinte, Deus estava mandando matar todo mundo: mulher, bicho, criança. E aí? A Bíblia pode ser usada para legitimar o que você quiser, para o bem ou para o mal."

É inclusive usada pela minoria pró-aborto no meio evangélico. O 21º capítulo do Êxodo, um dos livros do Antigo Testamento, traz uma série de leis que Moisés deve repassar aos israelitas a mando de Deus. Dali vem o "olho por olho, dente por dente", o princípio de retribuir na mesma proporção o dano causado. Uma das normas divinas diz que se uma mulher grávida fosse ferida durante uma briga de homens, e acabasse perdendo o filho, seu agressor deveria pagar uma multa a seu marido. Uma interpretação possível: a existência aniquilada do feto, portanto, não se equipararia à vida de uma pessoa já nascida. Se o fosse, a lei de talião se aplicaria aqui, e que fosse condenado à morte aquele que provocou o aborto.

Já o livro dos Números, também da leva bíblica anterior ao nascimento de Cristo, cita um teste um tanto heterodoxo para avaliar se uma mulher cometeu adultério. Se o marido desconfiasse que ela lhe fora infiel, um ritual cravaria sua culpa ou sua inocência. Diante de um sacerdote, a esposa sob suspeita beberia uma água amarga, um misto de água benta e "pó do chão da Habitação". Se de fato ela tivesse traído, o líquido faria seu ventre inchar na hora. O problema é que, a depender de distintas traduções das Escrituras, o resultado a partir daí varia. Uma delas dá a entender que a mulher adúltera abortaria, sinal de que Deus não estava tão preocupado assim com um feto inocente.

Outros trechos são mais palatáveis a cristãos empenhados em localizar na Bíblia indicativos de que a vida começa na concepção. O livro do profeta Jeremias é um dos prediletos. Já na partida, o autor replica palavras que o próprio Deus lhe teria dito: "Antes mesmo de te formar no ventre materno, eu te conheci; antes que saísses do seio, eu te consagrei. Eu te constituí profeta para as nações".

Em Salmos, um dos tomos bíblicos mais populares, o rei Davi diz a Deus: "Teus olhos viam o meu embrião". Um corpo embrionário, pois, que já tinha seu valor antes mesmo de vir à luz, na leitura dos que compreendem que a vida se dá na fecundação. Progressistas têm dificuldade em entender a cabeça do evangélico médio nesse ponto. Eles podem vir com os números que quiserem, lembrar quantas mulheres (crentes, inclusive) morrem após procedimentos mambembes, realizados sem supervisão médica ou em clínicas de fundo de quintal.

Mas a verdade é que a ciência nunca lhes forneceu uma resposta boa o bastante para a pergunta que fundamenta todo esse debate: onde a vida começa? Há hipóteses, mas não consenso científico, tampouco metafísico. Nas igrejas, há a certeza de que é na barriga, e desde o primeiro momento em que óvulo e espermatozoide se conectam. Logo, livrar-se de um feto e matar uma criança já nascida dariam na mesma. Você aceitaria aniquilar um bebê de um mês de idade por qualquer motivo que fosse? Por que a mãe foi estuprada? Por que ele tem alguma deficiência? Ou, pior, simplesmente porque aquela mulher não se vê em condições de cuidar da criança?

Não se trata de simplesmente querer legislar sobre um corpo privado, o da dona do ventre, mas de considerar que ali se aloja outra vida independente, me disse a maioria dos evangélicos com quem abordei o assunto na última década, mesmo uma turma que se identifica com outros valores progressistas. É como Malafaia diz, a mulher hospeda o feto, mas não dá para afirmar que mãe e filho são um só, o mesmo corpo. "Qual é a prova? O óvulo fecundado de um casal negro numa branca gera um bebê negro. Que conversa fiada é essa de prolongamento do corpo da mulher? Ele é um ser independente."

A indisposição aumenta junto com a idade fetal. É mais fácil fazer vista grossa para uma gestação que termina nas primeiras semanas, quando não há sequer batimento cardíaco identificado pela ultrassonografia, do que em uma etapa mais avançada do desenvolvimento. Não por acaso a história da menina de onze anos que passou pelo procedimento aos sete meses de gravidez causou tanta celeuma. A vida extrauterina era possível, afinal muitos bebês prematuros nascem até antes. O engajamento emocional, aqui, é mais garantido e dá gás a um questionamento geral sobre o aborto em todo e qualquer contexto.

Milhares de evangélicas abortam todo ano no país, por vias legais ou clandestinas, com culpa extra ou não. É claro que essa realidade se impõe às igrejas. Como a mãe de Camila, muitos crentes não se sentem à vontade pedindo prisão para a mulher que opta por bloquear a gestação. Há, contudo, um desconforto coletivo, nutrido por décadas de ativismo pró-vida, com a defesa aberta da descriminalização da prática. Como se essa tomada de posição oficializasse uma afronta ao dom da vida concedido por Deus. Como se assumi-la de frente pudesse de alguma forma encorajar o uso indiscriminado do aborto. Feticídio é termo recorrente nos templos.

Há uma exceção digna de nota. O bispo Edir Macedo, fundador da Igreja Universal do Reino de Deus, destoa de pastores do que pode ser chamado primeiro escalão do evangelismo brasileiro, figuras com peso para influenciar largas fatias de fiéis, de suas próprias igrejas e também de outras. Ainda nos anos 1990, quando ganhava tração nacional, Macedo dizia que o procedimento era bem-vindo para gestações indesejadas. A movimentação é coerente com a visão de sua denominação sobre planejamento familiar.

Para Jacqueline Moraes Teixeira, a antropóloga especialista em assuntos da Universal, a chave para ler o posicionamento de Macedo está na Teologia da Prosperidade. Bússola de igrejas neopentecostais, ela prega que se pode contar com Deus para obter sucesso material. "Há um distanciamento claro das pautas defendidas pela Igreja Católica, e isso emerge atrelado a uma Teologia da Prosperidade muito pautada pelo controle da natalidade. Aborto, vasectomia, anticoncepcionais entram nessa rede de cálculos para se pensar a ascensão econômica."

Em 2007, Macedo declarou à *Folha de S.Paulo* ser favorável à descriminalização porque muitas mulheres morriam em clínicas clandestinas. "O que é menos doloroso: aborto ou ter crianças vivendo como camundongos nos lixões de nossas cidades?" O repórter que o entrevistou rebateu: se "Deus deu a vida e só Ele pode tirá-la", como diz a Bíblia, não é contraditório um líder cristão apoiar o aborto? Arrematou Macedo: "A criança gerada de um estupro seria de Deus? Não do meu Deus! Ela simplesmente é gerada pela relação sexual e nada mais além disso".

Naquele mesmo ano, a Record, emissora do bispo, veiculou uma campanha pró-aborto. Uma mulher enumerava as liberdades que conquistou, como usar minissaia e pílula anticoncepcional. "Será que eu não posso decidir o que fazer com o meu corpo?" A peça encerrava com uma frase de efeito que faria bonito em qualquer propaganda progressista: "Aborto. Porque toda mulher sempre é capaz de decidir sobre o que é importante".

Passaram-se três anos, e Macedo arrastou o tema mais uma vez para o debate público. Postou em seu blog pessoal, abrigado no site da Universal, o que chamou de "embasamento bíblico" em prol da gravidez descontinuada. Resgatou o momento da Santa Ceia em que Jesus anuncia: entre eles havia um traidor: "Melhor lhe fora não haver nascido!". "No meu entendimento", escreve o bispo, "essa última frase pode ser interpretada como: seria melhor que Judas tivesse sido abortado. Melhor do que o futuro de sua alma."

5.
Sexo

Tá amarrado! De cordas para brincar de *bondage* com o parceiro a gelzinhos que esquentam ou esfriam "os países baixos", Mônica Alves tem de tudo na bolsa preta com A SÓS VOCÊS PODEM TUDO bordado no canto, em verde-limão. Na camiseta vermelha: REALIZE SEUS SONHOS. PERGUNTE-ME COMO. Pergunto-lhe como, e ela me mostra os seis quilos de mercadoria que transporta em tupperwares empilhados na maleta. Calcinhas comestíveis de chocolate ("tem marido que degusta com uísque"), o kit "50 Tons de Prazer" (chicote, vela e venda), o "Boca Loka" (vibrador em forma de batom que zune e treme "como um besouro na anfetamina").

Tem também o anel peniano estilizado com cara de gatinho e o Power Pump, aparelho para bombear sangue no pênis. Soluções para a lubrificação são o ponto G das vendas. Ela segura um chaveirinho de borracha cor-de-rosa em formato de pênis que, quando apertado, expele uma geleca branca — uma pomada contra a secura vaginal, mal que apavora boa parte das mulheres que a procuram.

Mônica se especializou num tipo de produto que deixa as amigas da Igreja Apostólica Renascer em Cristo com as bochechas mais coradas do que qualquer blush da Avon e da Natura, marcas que revendia antes de entrar no ramo erótico. Usa o codinome Munik para tocar as transações.

Munik está num salão de beleza na zona oeste de São Paulo para apresentar à sua melhor freguesa "a camisolinha da Nicole Bahls", a modelo famosa por encarnar uma Panicat, título dado às rebolativas assistentes de palco do *Pânico na TV*. Negócio fechado. A manicure Frances curte o modelo semitransparente com estampa de oncinha, fac-símile de uma peça usada por Bahls. "Não é porque a gente vai pra igreja todo dia que precisa ser santa", ela explica sua compra.

"As irmãs *a-do-ram* os produtos", Frances dedura as companheiras do culto, mais discretas sobre as aquisições. Ela frequenta diariamente a Igreja Mundial do Poder de Deus, do apóstolo Valdemiro Santiago. Deixa um dízimo de cerca de trezentos reais por mês à igreja e calcula investir até mais nos artigos sensuais. "Ela gasta bem", a comerciante confirma.

Em 2014, quase um ano após esse nosso primeiro encontro, Mônica conta que está "meio assim" com a patota evangélica. Andaram falando "palavrinhas" que ela não gostou. Alguns fiéis olham torto para seu ofício. Até a própria mãe fecha a cara quando a filha fala sobre o ganha-pão. Acha que vibrador "dá câncer no útero". Ela, contudo, não se arrepende. "Muita gente na igreja fala mal, mas compra."

Mônica gosta de sexo. Faz sempre que pode com o marido, um porteiro cearense doze anos mais moço que conheceu na estação Paraíso do metrô de São Paulo. "Sempre gostei de signos, mesmo estando na igreja", conta, justificando o apego à astrologia, vista por pares de fé como uma rabicha de tempos pagãos. "Eu era uma evangélica, vamos colocar assim, partindo pro lado místico."

Naquele dia específico, partiu "arrumadinha pro serviço", o penteado avolumado pelos bobes que havia enrolado no cabelo na véspera. Pronta pro ataque. O horóscopo que leu no início da semana, nas páginas do *Metrô News*, jornalzinho distribuído de graça nas plataformas, prometia: em questão de dias, encontraria o amor da sua vida. Assim foi. Por volta das 4h40 da manhã, a geminiana "com ascendente em Jesus Cristo" cruzou com Marcos Alfredo, e aí já era, "os dois viram a mesma coisa, um flash nos olhos, uma luz".

"Nossa, que morena bonita", ele galanteou e emendou uma pergunta sobre o estado civil da dama cortejada. Solteira. Atrasado para o serviço, logo no apocalíptico número 666 da rua Abílio Soares, o porteiro deixou o telefone para "marcarem um lanche" e desapareceu pela escada rolante. Mas Mônica convenceu-se de que ali estava, de fato, seu príncipe encantado. Ligou para ele três dias depois, de um orelhão em Pinheiros, bairro da zona oeste de São Paulo onde morava. "Para selar nossa união, ele me trouxe um bombom e me deu um beijo no Paraíso. Eu flutuei."

Acontece que o romance vinha com encargos para Marcos. Ele virou cobaia dos apetrechos sexuais que Mônica testa em casa antes de oferecer às clientes. Ganha café da manhã na cama (cappuccino e cuscuz com manteiga) e "festinha à noite" quase todo dia. "Uma vez, eu cheguei pulando em cima. E ele: 'Amor, tô com dor de cabeça'", conta Mônica, deliciando-se com a inversão dos papéis que a sociedade reserva a um casal heterossexual.

Ela conheceu a maioria da clientela nos cultos de uma Renascer na Vila Mariana, na zona sul paulistana. Foi o templo que desabou em 2009, e junto com ele as vendas de brinquedinhos que as crentes adquiriam sob murmúrios num canto discreto, como se estivessem na xepa de frutos proibidos do Jardim do Éden.

O paradoxo da sexualidade imaculada foi por séculos um dos maiores ativos do cristianismo. Uma das primeiras coisas que a Bíblia ensina é que as mulheres fizeram por merecer. Se devem desejar o macho que as subjuga e sofrer tanto na hora de pôr descendentes no mundo, é porque a malcriada Eva mordiscou o fruto que seu Criador pediu que jamais provasse. Está lá no livro do Gênesis. Deus a castigou — e, por extensão, todas as mulheres até o fim dos tempos — com dois destinos cruéis: "Multiplicarei as dores de tuas gravidezes, na dor darás à luz filhos. Teu desejo te impelirá ao teu marido e ele te dominará".

Todas que vieram depois de Eva ficaram, portanto, obrigadas a servir seu macho e a conhecer a dor do parto, uma extensão da penitência divina para aquela que é a grande virtude feminina no imaginário cristão, a procriação. O útero ganha função social e enobrece sua dona. Não à toa as inférteis do Antigo Testamento eram tidas como amaldiçoadas, e a sociedade dava aval para que seus maridos tivessem amantes ou outras esposas capazes de lhes dar descendentes, de preferência homens. Eles nunca eram estéreis, a danação sempre acometia o mulherio.

Por muito tempo, era assim que cristãos lidavam com a sexualidade: uma história de punições, submissão e dores lancinantes, um chocalho moralista sacudido na cara de qualquer um que se aventurasse no júbilo carnal.

Veio de Santo Agostinho, no século IV, a maior colaboração intelectual para incutir na sociedade cristã a ideia de que o pecado original de Adão e Eva tem tudo a ver com nosso apetite sexual. Na teologia do filósofo Agostinho de Hipona, o casal primevo copulava antes de Deus expulsá-lo do paraíso, mas o fazia sem arroubos libidinosos. Eram apenas criaturas atentas à ordem de que fossem fecundos e se multiplicassem.

Essa matéria perturbava as mentes da época. "Tinha quem defendesse que se reproduziam como as plantas o fazem. Agostinho diz que Adão e Eva faziam sexo, mas numa atitude racional, sem nenhum tipo de descontrole. A ereção era como levantar um braço", explica Lorenzo Mammì, professor de filosofia medieval na USP e referência nos estudos sobre Agostinho. Michel Foucault vai destrinchar essa mecanicidade sexual livre de arrebatamentos, como veremos um pouco mais à frente.

Mammì recorda que os patriarcas eram polígamos, "todos eles", no Antigo Testamento. Ele também indica a solução teológica que Agostinho arranjou para justificar por que o acúmulo de cônjuges, tolerado nos primeiros livros bíblicos, foi deixando de sê-lo: "Ah, eles tinham um monte de mulher pra povoar a Terra. Agora não é mais necessário".

Em suas autobiográficas *Confissões*, Agostinho narrou coisas que não se espera ouvir de um bispo. No livro, que Mammì traduziu do latim para o português, o mulherengo arrependido apresenta sua longa ficha corrida nos pecados da carne. Descreve os "vapores infernais da luxúria" que se seguem ao mais doce dos sentimentos, "amar e ser amado", sobretudo "se podia gozar do corpo da criatura amada".

Agostinho usa o termo libido quase oitocentas vezes em toda a sua obra. Sabe que o sexo é imprescindível, já que deixar de gerar filhos está fora de cogitação, então idealiza uma cópula sem tesão. O que ele faz é pegar todo o eixo filosófico vigente e sacudi-lo pelo colarinho numa época de formação da intelectualidade cristã. Antes perseguido, o cristianismo havia ganhado uma baita promoção duas décadas antes, tornando-se a religião oficial do Império Romano, enquanto outras crenças foram jogadas aos leões. "Agostinho é da primeira geração que de fato assume o poder", afirma Mammì. "Começa então toda uma discussão sobre qual seria a diferença entre um cristão e um pagão."

Agostinho investiu pesado nessa gênese da desgraceira moral. Antes de continuarmos, é preciso lembrar de que contexto veio esse filho de pai pagão e mãe devota, nascido 354 anos depois de Cristo, numa província romana no norte da África onde hoje fica a Argélia. Se um dos seus feitos cristãos foi forjar raízes sexuais para a corrupção da humanidade, Aurelius Augustinus antes fora um amante latino dos seus tempos. Da adolescência aos seus trinta e poucos anos, frequentou com desembaraço o açougue dos prazeres da carne. Chegou a escrever que, aos dezesseis anos, "a loucura da libido [...] tomou o poder sobre mim e me entreguei totalmente a ela". Ah, a puberdade. Também suplicou a Deus por salvação, mas não pra já:

> Mas eu, adolescente muito miserável, e ainda miserável na saída da adolescência, te pedia a castidade, dizendo: "Concede-me castidade e continência, mas não agora". Com efeito, receava que tu me atendesses logo, e logo me curasse da peste da concupiscência, que queria antes satisfeita que extinta.

Já como universitário, ele se relacionou com uma mulher que lhe daria um filho. Ficaram mais de uma década juntos, mas nunca se casaram. Tecnicamente, um concubinato. Só mais tarde, com 33 anos, o dom-juan em rehab se converteu à fé católica. Virou bispo e o maior patrocinador de uma interdição sexual que até hoje, passados dezesseis séculos, aninha-se em leitos cristãos.

A interpretação que Santo Agostinho dá ao pecado original é um ponto de virada na forma como, de modo geral, os homens e as mulheres de fé vão interagir com sua própria sexualidade. O filósofo francês Michel Foucault lembra que, para o pensador medieval, relações sexuais aconteciam no Éden, e que, antes da queda, o primeiro homem criado por Deus tinha total comando sobre seu corpo. "Se Adão desejasse procriar no Paraíso, ele poderia fazê-lo da mesma maneira e com o mesmo domínio tal como, por exemplo, quando semeava os grãos na terra", escreveu Foucault. "Ele desconhecia a excitação involuntária."

Ou seja, o desgoverno sobre a própria ereção fez parte do pacote de sanções divinas à teimosia de comer o único fruto do Éden vetado aos primeiros humanos. Mais Foucault:

"Como castigo por essa revolta, e em consequência desse desejo de uma vontade independente daquela de Deus, Adão perdeu o domínio sobre si mesmo. Ele queria adquirir uma vontade autônoma, e perdeu o suporte ontológico dessa vontade".

Ora, quando Adão cobre sua genitália com a folha da figueira, não o faz apenas por se envergonhar de ver seu pênis ali, mas "pelo fato de que suas partes se agitavam sem seu consentimento", diz o intelectual do século XX em sua leitura da obra de Santo Agostinho. "O sexo em ereção é a imagem do homem revoltado contra Deus. A arrogância do sexo é o castigo e a consequência da arrogância do homem. O sexo descontrolado do homem é a imagem daquilo que Adão havia sido em relação a Deus: um rebelde."

O historiador americano Stephen Greenblatt publicou em 2018 o livro *Ascensão e queda de Adão e Eva* e depois instituiu Agostinho, em artigo para a revista *The New Yorker*, como o "inventor do sexo". "O envolvimento obsessivo de Agostinho com a história de Adão e Eva falava de alguma coisa em sua própria vida", afirma o professor. "O que ele descobriu — ou, mais propriamente, inventou — acerca do sexo no Paraíso provava a ele que os humanos, originalmente, não deveriam sentir o que ele experimentou a partir da adolescência."

A culpa é feminina. Intérpretes da literatura agostiniana se refestelaram no repasto misógino que viram ali. A mulher fraquejou primeiro, ao dar ouvidos à serpente que lhe sugeria abocanhar o fruto interdito da Árvore da Sabedoria. Adão foi um pobre coitado que entrou na onda de Eva. Daí são Pedro Damião, beneditino do século XI, concluir sobre todas nós: "Ó, vós, cadelas, porcas, corujas uivantes, corujas noturnas, lobas, sanguessugas […]. Vinde, ouvi, meretrizes, prostitutas, com vossos beijos lascivos, vossas pocilgas para porcos gordos". Palavras que serviram de spoiler à Inquisição que exterminaria milhares de mulheres.

Por não acreditarem em santos, os evangélicos não enxergam Agostinho como um. Ele é, no entanto, um farol teológico que ainda hoje norteia o horizonte de vergonha que muitos deles traçam quando o assunto é sexo.

É verdade que, nesse departamento, evangélicos são historicamente menos dados a faniquitos morais do que católicos. Até porque coube ao precursor deles, Martinho Lutero, o prócer da Reforma Protestante, rebater muitas das visões mais puritanas que a Igreja Católica difundiu por séculos. Em 1517, o frade alemão pôs em marcha o movimento que pulverizaria um cristianismo até então monopolizado pela Santa Sé. E Lutero tinha uma perspectiva bem menos pudica do que seus contemporâneos acerca da sexualidade.

Entre as birras do religioso alemão com o alto clero estava o celibato compulsório para sacerdotes. Lutero era (até onde se sabe) virgem aos 41 anos, quando foi chutado pela Igreja e se casou com uma ex-freira em 1525. Conforme escreveu, Catarina von Bora e ele se uniram para "agradar seu pai, irritar o papa, fazer os anjos rirem e os demônios chorarem".

É uma história de vaivéns, a relação dos evangélicos com a libido. Sim, reformadores como João Calvino e o próprio Lutero rasgam a carapuça sexual que medievais católicos costuraram para o pecado original. Com eles, desde que no contexto conjugal, transar deixa de ser visto como um mal necessário para fins de procriação, e sentir prazer no ato não dá a ninguém uma senha preferencial para o quinto dos infernos. Em carta a um amigo, o luterano precursor chegou a declarar que, assim como Isaque acariciou sua esposa em Gênesis 26,8, "temos permissão para rir e nos divertir e abraçar as nossas esposas, quer elas estejam nuas ou vestidas".

Não que a repressão sexual seja monopólio dos católicos no cristianismo. Dinossauros morais também deixaram pegadas profundas nas igrejas protestantes. "No início, por influência dos ensinamentos católicos que muitos receberam antes de se tornar evangélicos, havia o pensamento de que o sexo era algo só para procriação", diz a pastora Elizete Malafaia. "Esse conceito errado foi sendo transmitido de modo subliminar, pois havia um tabu muito grande em relação ao sexo."

Elizete recorre a outro quinhão do Antigo Testamento para afugentar a apreciação de Santo Agostinho sobre o tema. Carícias "melhores do que o vinho", seios que são como "cachos de uva", contornos de coxas tais quais "colares, obras de um artista", o umbigo comparável a uma taça redonda "onde o vinho nunca falta". Todas passagens do livro do Cântico dos Cânticos, o tomo mais sexy das Escrituras. É acima de tudo uma celebração explícita do amor entre um homem e uma mulher "que conheciam o corpo um do outro e não se envergonhavam", na descrição da pastora da Assembleia de Deus Vitória em Cristo. Se Salomão e Sulamita "se preocupavam mutuamente em satisfazer um ao outro", afirma Elizete, nada mais justo que os casais de Deus seguirem seu exemplo.

Poucos excertos bíblicos renderam leituras tão variadas ao longo dos séculos. Rabinos detectaram uma alegoria do amor de Deus por Israel em versículos como "Um saquinho de mirra é para mim meu amado, repousando entre meus seios". Uma ala de exegetas cristãos preferiu ver ali a representação da devoção de Jesus pela Igreja. Outra, a reverência dos cristãos por seu Senhor. Já Elizete está confortável em interpretar o livro mais poético da Bíblia como a relação carnal de um casal "que sabia desfrutar prazerosamente do corpo um do outro", honrando "o modelo de alegria e reciprocidade para o qual Deus nos criou".

É no que crê também o homem que conheceu quando ele tinha catorze anos, e ela, treze. Num culto dedicado a discutir a sexualidade sob o prisma do bom cristão, o pastor Silas Malafaia pede que os fiéis não se enganem. "Não venham pra cá torcer teologicamente, dizer que o Cântico dos Cânticos fala da figura de Cristo com a Igreja. Negativo. Fala da relação sexual de Salomão para com sua esposa." Mais passagens da Bíblia, ao seu ver, reforçam o desejo divino de ver sua criação sexualmente satisfeita. Seja feita a Vossa vontade. "Vou dizer uma coisa aqui que vai sair gente de cabelo arrepiado. Outros vão sair bem contentes", Malafaia diz e engata uma de suas risadas típicas, gaitadas breves e agudas, como o apito de uma locomotiva.

Passemos ao Novo Testamento, mais especificamente ao capítulo sete da Primeira Epístola aos Coríntios, atribuída ao apóstolo Paulo. "Agora olha que lindo o versículo três", sugere o pastor. É o que incita o marido a "cumprir o dever conjugal para com a esposa", e vice-versa. "Isso aqui significa que o marido satisfaça sexualmente a mulher, e a mulher, o marido. Ó, tá aqui na Bíblia. Tô citando a Bíblia, Bí-bli-a."

Mais adiante, Malafaia dá corda para o mote "a sós vocês podem tudo", aquele bordado na bolsa com produtos de sex shop que a revendedora Mônica oferta à freguesia evangélica.

> O que você tem que entender é que, se um pertence ao outro totalmente, o que pode ou não pode na relação sexual é problema desses dois que se tornam um. Você não se faz um com o pastor da igreja, você não se faz um com sua mãe, com seu pai. Você não se faz um nem com Deus. Você se faz um com o cônjuge. Portanto, nem Deus botou a colher, para usar a linguagem popular, na intimidade do casal.

Fotos dos três filhos e dos cinco netos preenchem a parede de uma sala da residência do sr. e da sra. Malafaia, num condomínio vizinho à praia de Grumari (zona oeste carioca) onde também morou o pagodeiro Belo. Uma toalha com a imagem de Silas cobre a cadeira massageadora no canto do cômodo, logo abaixo de fotos dos casamentos dele com Elizete, e dos filhos com seus cônjuges. Elizete começa ali a contar um pouco de sua história com o único homem de sua vida, numa conversa que vai se estender por mensagens no WhatsApp. "Sempre pensei em me casar, ter filhos e priorizar o meu lar. Nunca fui feminista", diz. "Graças a Deus nasci num lar em que minha mãe tinha prazer de ser mulher, esposa, mãe de onze filhos e sempre de bem com a vida."

Nada era tabu em casa, afirma Elizete. "Meu pai era um cara que falava abertamente sobre sexo com a gente, almoçando na mesa. Falar de sexo, pra gente, era normal. A gente sabia que era bom. Aprendemos assim: tem que ser dentro do casamento. Como eu e Silas fomos criados os dois na igreja, aprendemos isso tanto dos nossos pais quanto na igreja."

Os dois se conheceram ainda na adolescência, quando engataram um namoro que, nas contas de Elizete, durou exatos sete anos e onze meses. Fácil não foi. Conta a pastora:

> A gente se abraçava, beijava, se agarrava. Tinha momentos em que a gente dizia, vamos parar que o negócio tá ficando quente demais. Então, graças a Deus, a gente soube dar um limite. Foi fácil? Não, mas a gente tinha temor a Deus, tinha aquele medo de errar. Foi bom porque a gente entrou no casamento sabendo algumas coisas em teoria. Eu li o Kama Sutra. Via aquelas posições todas. Eu procurava aprender, é claro. Ele também. Éramos dois leigos nessa área. Isso foi muito bom, porque a gente aprendeu um com o outro, não trouxe manias de outros relacionamentos, "ah, porque fulano era assim, era maior, era menor, fazia assim, fazia assado". Fomos vendo o que nos dava mais prazer.

O prazer é todo da indústria literária gospel. Há farta oferta de títulos na área, como o best-seller *Celebração do sexo*. Seu autor é Douglas Rosenau, um americano afeiçoado a gravatas-borboleta que se apresenta como terapeuta cristão especializado em ajudar homens e mulheres de Deus a alcançar um melhor desempenho nesse esporte conjugal. Descrito como um guia para o "presente de Deus no casamento, o prazer sexual", o livro tem um capítulo inteiramente dedicado ao sexo feito "sem tirar a roupa, [...] um prelúdio amoroso sutil, penetrante, espontâneo, eletrizante e sensual".

Rosenau se gaba de ter acumulado mais de 55 mil horas de escuta, uma torrente de encucações e lamúrias de casais inseguros sobre o que um Deus onisciente permite que pratiquem entre quatro paredes. Fantasia sexual, por exemplo, está liberada? Pode, desde que ninguém traga outras pessoas para dentro do exercício de imaginação. A não ser, claro, que o terceiro elemento seja Ele próprio, "o cara", esclarece o coach de relacionamentos. "Deixe Deus estar no meio da fantasia e das imagens mentais enquanto Ele inspira e abençoa sua brincadeira."

Tem hora certa para se iniciar na arte do coito, e essa é uma lição inegociável dentro da maioria das igrejas. Sexo, só depois do casamento. Os crentes enamorados têm muitas dúvidas a esse respeito. Cristiane Cardoso fez carreira elucidando-as para o público evangélico.

Primogênita do bispo Edir Macedo, da Igreja Universal, Cristiane veste calça de poá e blusa sem manga que dá de brinde alguma transparência na região do colo. É a estrela do vídeo. Num sofá de couro preto, encostada numa almofada peluda, ela faz cafuné num cachorro da raça lulu-da-pomerânia, o que tem um rostinho miúdo emoldurado por tufos e tufos de pelo.

A gravação é o seguinte: um casal tinha relações normalmente, se converteu, e, bom, agora já era ou eles têm de se abster da prática até oficializar a união no altar? "Claro que têm", responde Cristiane. A ideia do quadro é esclarecer qual conduta sexual se ajusta à fé cristã.

Ela pondera que fornicar sem casar "é pecado de acordo com a palavra de Deus". Inclusive porque, até chegar aos finalmentes matrimoniais, "qualquer coisa pode acontecer". Vai que não casa? Aí, meu filho, você que se entenda com o leão de chácara do reino dos céus.

Evangélicos gostam de destacar que a Bíblia é bem clara ao dizer que Deus julgará os fornicadores (Hebreus 13,4), uma turma de malditos que foi se multiplicando no caleidoscópio moral dessa nova ordem religiosa. Adúlteros. Lascivos. Prostitutas. Homossexuais. Adeptos do incesto. Você entendeu o espírito da coisa.

Não faltam nas Escrituras registros de como o mundo do Antigo Testamento podia ser sacana. Veja o trecho em que duas filhas de Ló embebedam o pai e acabam gerando com ele filhos que viriam a ser futuros patriarcas dos moabitas e dos amonitas, dois povos inimigos dos hebreus. Abraão, aliás, era polígamo. Assim como seus netos Esaú e Jacó. O rei Salomão sozinho teve setecentas esposas (chamadas "princesas") e trezentas concubinas.

A teologia cristã tratou de arrumar saídas honrosas para explicar por que um Deus tão zeloso da monogamia teria feito vista grossa para os heterodoxos arranjos matrimoniais que precederam a era de Cristo. O argumento principal: ora, homens precisavam deixar muitos descendentes para povoar a Terra, uma missão que dificilmente seria completada se eles se mantivessem fiéis a uma só senhora. Sob essa perspectiva benevolente, Deus não queria a poligamia como regra, mas a tolerava por vê-la como medida temporária para uma época tão árdua, em que homens morriam às pencas em guerras, e suas viúvas muitas vezes recorriam à prostituição, o horror!, para sobreviver. Um band-aid que deveria ser arrancado assim que possível, já que o plano original do Altíssimo nunca foi o do milagre da multiplicação conjugal.

Malafaia já discorreu sobre o assunto, em texto de 2011 que pipocou nas igrejas. "Na civilização antiga, as famílias eram organizadas em tribos e viviam sob o regime do patriarcado, que dava ao homem poderes sobre a família e domínio sobre a mulher", escreveu o pastor carioca. "A poligamia era livremente praticada naquela época, porque ainda não haviam sido reveladas as leis divinas que regem os relacionamentos e outros aspectos da vida. O padrão de comportamento ético e moral da população era baseado em questões culturais, no senso comum."

"Ainda assim", ele continua, "a lição bíblica é clara: a poligamia causou graves problemas ao relacionamento familiar. Verificamos isso no Antigo Testamento, na história dos patriarcas e dos reis de Israel." Um dos exemplos que evoca é o nascimento de Ismael, filho que Abraão teve com Agar, o que não caiu bem para Sara, sua "esposa legítima", como pontua Malafaia. Agar ganha relevo em leituras feministas da Bíblia, justamente por compilar três explorações aceitáveis à época em que a narrativa é alocada: racial, social e de gênero.

Ela é escravizada, provavelmente negra, pois egípcia, e mulher. A própria Sara a oferece ao marido, por não conseguir conceber um filho (o que só acontece décadas depois, quando Deus lhe promete um filho do próprio ventre, sua esterilidade é revertida, e ela gera Isaque). Abraão passa a dormir com Agar, que, grávida, começa a querer para si os mesmos direitos da patroa.

O mais importante artigo sobre essa figura bíblica é um dos pilares da teologia feminista, escrito nos anos 1980 pela mexicana Elsa Tamez: "A mulher que complicou a história da salvação". Tamez propõe revisar o caso a partir da perspectiva da escravizada. Seria ela uma serviçal insolente ou uma mulher empoderada que soube correr atrás de seus direitos?

Ainda assim, o desfecho desse triângulo seria uma amostra, segundo Malafaia, de como ferir a monogamia gera dor de cabeça para todos os envolvidos. A constituição inicial da humanidade, um macho (Adão) e uma fêmea (Eva), seria o padrão ouro de Deus. O Novo Testamento enfatiza que "tenha cada homem a sua mulher e cada mulher o seu marido" (1ª Coríntios 7,2). Já Paulo insistiu que o líder da Igreja seja "esposo de uma única mulher" (1ª Timóteo 3,12).

Loira, de cabelo e maquiagem sempre impecáveis, Cristiane é a face feminina mais conhecida da Universal, uma igreja que não ordena pastoras mulheres. Com seu marido, o bispo Renato Cardoso, a quem chama de "neném" e vice-versa, tem uma franquia de sucesso dentro da denominação e espaço cativo na Record, a emissora comprada pelo pai em 1989. O negócio dos dois é falar sobre amor, e não tem como deixar o sexo de fora desse papo. Casados desde 1991, eles assinam livros como *Casamento blindado* (com prefácio do ex-jogador de basquete Oscar Schmidt) e *120 minutos para blindar seu casamento* (introduzido pela apresentadora Ana Hickmann).

Na Record, apresentam desde 2011 *The Love School*, a escola do amor. Dispõem-se, no programa, a sanar dúvidas como a de José, um espectador que se diz evangélico há quinze anos. Ele está confuso sobre a possibilidade de fazer sexo anal com a esposa menstruada. Questiona se a masturbação e a pornografia seriam uma opção mais saudável aos olhos de Deus. Renato desaprova. Controle-se, homem! O bispo diz que ele tem que aprender a dominar seu corpo para respeitar o período da mulher, e pensar "com a cabeça de cima", e "não a de baixo", para evitar uma "pergunta ridícula" como essa.

Em 2013, Renato fez uma convocação no blog que mantém no site da Universal para um evento que ele e a esposa dariam a respeito da vida sob os lençóis, com ingressos a cinquenta reais (individual) ou 75 reais (casal). No convite, pedia que os fiéis imaginassem uma fábrica automobilística onde os funcionários nunca discutem o motor dos carros. Um time de futebol no qual os jogadores nunca conversam sobre preparação física. Um chef que não quer ouvir um ai sobre os ingredientes das receitas que prepara. Engatava então Renato:

> Agora imagine os carros daquela fábrica, o físico daqueles jogadores e os pratos daquele restaurante. Assim tem sido o sexo dentro de muitos casamentos. Todo casal faz, mas quase nunca conversa sobre o assunto. Imagine a qualidade de sexo que estão tendo! O.k., eu disse "todo casal faz", mas a verdade é que nem todo casal faz sexo. Sim, chegamos a esse ponto. [...] Como resolver pequenos e grandes problemas no quarto? Como alcançar a intimidade total? Como fazer um ao outro tão realizados sexualmente que nunca pensarão em outra pessoa? Será uma aula inteligente, descontraída, na qual você irá aprender de forma clara, íntegra e sem apelação. É claro que você pode ignorar esse evento e seguir fazendo sexo sem nunca falar ou procurar saber mais sobre o assunto. A escolha é exclusivamente sua.

A verdade é que nem todo casal faz sexo, e isso é um problema no meio cristão. Uma vida conjugal sexualmente ativa é aliada da fecundidade, um anseio divino prescrito no Gênesis: "sede fecundos, multiplicai-vos, enchei a terra e submetei-a".
Em maio de 2014, Cristiane compartilhou em seu perfil do Instagram um flyer com marca de batom vermelho e a proposta: "Como se tornar uma pessoa atraente". É um culto liderado por ela e o marido. Lá conheço Katilyn, vendedora de loja com 27 anos interessada em perder peso — na consciência e na silhueta. É muito simpática, com uma daquelas risadas espichadas como a de Fafá de Belém, só que mais esganiçada, como o barulho de uma panela de pressão avisando que o feijão está pronto. Sua pele é parda, e as madeixas, crespas,

tinham sido aloiradas na véspera no salão de beleza de uma tia. Corte de cabelo: curtinho, nuca raspada. Capa pink na Bíblia. Veste legging jeans, jaqueta marrom de couro sintético e camiseta onde se lê KEEP CALM AND TRUST GOD, que ela traduz como "sossega o facho e joga na mão de Deus". "Sou apenas uma serva de Deus que quer desencalhar", conta Katilyn enquanto sorve uma coca-cola e bebe da fonte dos anfitriões.

As dicas do casal-modelo da Universal, aposta, vão ajudá-la a arranjar "um bom varão", de preferência um que seja "bonitão, fiel e não beba muito". Sexo, ou a falta dele, é um problema. Ela não acha homem disposto a segurar a onda até a noite de núpcias. "Mesmo alguns irmãos da igreja. Pro pastor eles dizem uma coisa, depois ficam te convencendo de que uma mãozinha aqui pode, um beijinho lá não tem problema. Tudo ímpio", diz e emenda uma gargalhada.

Ela joga a latinha de refrigerante no lixo e entra no banheiro do templo, com mensagens do tipo JESUS IS EVERYTHING! e ONLY GOD CAN JUDGE US!!! talhadas a estilete na porta das cabines. Diz-se animada com o culto que começará em poucos minutos. Logo, o telão da igreja exibe a imagem de um ímã em forma de ferradura para ilustrar a pergunta: COMO SER ATRAENTE? Cristiane e Renato vão te contar.

O discurso é magnético, e os fiéis respondem com entusiasmo aos conselhos de como não agir numa relação. Não se faça de vítima. Amém! Não fale como uma matraca nem seja fechado dentro de si mesmo. Aleluia! Não fale mal dos outros. Glória!

Cristiane pede cautela à mulher disposta a ir para a cama de primeira. "Que que ele vai ganhar em casar com você agora? Você botou seu preço para baixo. A pessoa se desvaloriza." Renato recomenda cuidado com o físico. "Não existe pessoa feia. Existe pessoa preguiçosa. Se você é tão bom por dentro, por que a embalagem é esculhambada?"

Estão pondo em prática a Terapia do Amor, pregação que costumam conduzir semanalmente na Universal. Alguns pares que já passaram pelo divã espiritual dão seu testemunho. É o caso de Elisângela e Maurício, que brigavam muito antes de entrar para o projeto da igreja, há dezessete anos. Ele tinha um vício, explica-se sem jeito. O bispo Renato indaga.

— Que vício?
— Bebia muito.
— Todo dia?
— A ponto de cair.

Maurício conta que, com a ajuda de Deus, aprendeu a ser um "homem forte" e "deixar de ter ciúme". Renato questiona: "Então homem forte não é para bater mais forte nela, não?". Maurício faz que não com a cabeça.

— Deixou a bebida?
— Sim, senhor.

Por trás de todo homem recuperado existe uma Mulher V. Esse ideal feminino é a estação final do Godllywood e remete à figura descrita na Bíblia, por Salomão, como "mulher virtuosa".

É Cristiane quem cuida desse projeto na Universal. Mulheres são o público-alvo e se dividem em três programas etários: pré-Sisterhood (para meninas de quatro a treze anos), Sisterhood (quinze a trinta anos, mas as casadas pulam para a etapa seguinte) e Mulher V (daí em diante). O objetivo é "resgatar a essência feminina colocada por Deus em cada mulher". Desenvolver uma sexualidade de acordo com a cristandade faz parte do planejamento.

Em *A Mulher Universal: Corpo, gênero e pedagogia da prosperidade*, a antropóloga Jacqueline Moraes Teixeira enumera características que Cristiane cobra de uma dama íntegra:

- Ter uma aparência agradável, cuidar de si mesma para agradar ao marido. A mulher jamais deve andar largada,

quando ela se arruma, ela transparece o amor que tem por si e pela família;
- Ter um caráter piedoso. Ter prazer de ajudar no que seja, sem esperar receber algo de volta;
- Ser eficiente na administração do lar, que inclui tarefas domésticas e a administração do dinheiro da família;
- Dar assistência espiritual ao marido. Ter sempre uma palavra de ânimo e fé;
- Ter disposição e interesse para ajudar as pessoas na igreja;
- Ter determinação e coragem para lutar contra as adversidades;
- Ter equilíbrio, cuidar das coisas da igreja e das coisas do lar. [...] Ela cuida da saúde do marido, prepara refeições saudáveis usando a criatividade, pois está sempre querendo fazer algo novo para surpreendê-lo.

O objetivo do Godllywood, nas palavras de Cristiane, é o seguinte:

> Assim como Hollywood tem usado seus poderes para degradar a nossa sociedade, nós podemos usar o poder que Deus tem nos dado, Seu Espírito, para guiar moças a uma sociedade diferente. Se as moças são ensinadas a serem mulheres de Deus, então a sociedade terá mães, filhas, companheiras de trabalho, famílias e MULHERES melhores, que valorizam as coisas boas da vida. Moças que se guardam até o casamento, que sabem como cuidar de uma casa e também seguir uma carreira, que não estarão seguindo as sexy e ruins tendências da moda, e sim as direções de Deus.

O que importa é "guardar-se incontaminado do mundo", o que exige "se afastar de muita coisa que no mundo é considerado supernormal e até plausível", diz. Uma amostra disso, continua a filha do bispo,

> são os valores invertidos que hoje muitas mulheres têm tido a respeito do que é ser mulher de verdade, enquanto a Bíblia nos ensina o oposto do que se prega por aí. Qual bandeira você levanta: a da Bíblia ou as diversas sobre feminismo e empoderamento feminino? E quanto às muitas modas e "culturas" mundanas que são praticamente forçadas a todas nós, como a resistência ao envelhecimento, a presença ativa nas redes sociais, a ostentação, luxúria e sensualidade? Quem não aceita é considerada antiquada, fanática, ridícula, machista, Amélia, cafona, bitolada e até fascista.

A filha de Edir Macedo já se gabou em mais de uma ocasião de ter se casado virgem, aos dezessete anos, com seu primeiro namorado. Louvado seja o evangélico que, tal qual ela, opta por se guardar. A abstinência sexual pré-matrimônio, incentivada pela maioria das igrejas, é a tônica da Eu Escolhi Esperar, campanha cristã liderada por um casal de pastores capixabas, Nelson Junior e Angela Cristina.

Angela tem recomendações a fazer àquelas que querem arrumar um par que tope casar primeiro e só depois transar. "Tô falando de cabra-macho mesmo, aquele que tá procurando mulher pra casar", avisa. "Não tô falando daqueles sem-vergonha que vêm à igreja mas ficam dando em cima de todo mundo."

Há dicas práticas para ficar só com o trigo do joio. "Vamos fazer as unhas, colocar uma make, arrumar o 'cabelitcho'", mas sem virar "a mulher que passa tanto reboco na cara" que mais parece teste para palhaço de circo. E de nada adianta ser bela e deixar de ser virtuosa, pois "homens não gostam de mulheres sensuais", afirma. "Calças jeans colocadas a vácuo, com as calcinhas lá dentro do... íntimo da pessoa. É dessa aí que tô falando." O importante é ser uma "mulher de Deus". "Se você for daquelas crentes 1,99 real, já era, perdeu o pretendente."

"O corpo é o templo do Espírito Santo", diz Marco Feliciano, um dos deputados mais conhecidos da bancada evangélica, um pastor que se converteu ainda adolescente. Pai de três mulheres, casado desde 1992 — credenciais da família tradicional brasileira que ele gosta de ressaltar —, conta que em sua meninice "o troféu era a moça casar de branco", a cor da pureza. Lembra-se dos adultos ensinando que, nas luas de mel, era de bom-tom estender o lençol alvo na janela, para que a mancha de sangue provasse a virgindade da recém-casada.

Na tarde em que conversamos, uma eleição antes da que consagrou Jair Bolsonaro presidente do Brasil, Feliciano esparrama seu orgulho pela filha mais velha, de dezenove anos, que depois lhe daria a primeira neta. Na época, a primogênita caminhava com o Eu Escolhi Esperar. Com Feliciano e a esposa foi assim também: eles chegaram primeiro ao altar e depois aos finalmentes. Mas ele não seguiu a receita que hoje passa ao rebanho. Antes de sua Edileusa, já tinha mordido a maçã. Diz que perdeu a virgindade com uma mulher décadas mais velha, e que a reencontrou já adulto. Ele com 35 anos, a primeira parceira, uns sessenta e poucos. "Ela sorriu para mim, desdentada. Quase saí correndo."

Nelson e Angela, os idealizadores do movimento abstêmio, gostam de contar que casaram virgens. Fizeram um vídeo para explicar como foi a lua de mel, quando enfim chega a "hora do matadouro" (ela diz), e "de dar uma chinelada na barata dela" (essa é com ele). A oratória descolada, numa linguagem facilmente acessível para a maioria jovem que os tem como bússola moral, contrasta com posições pudicas sobre qualquer modelo de sexualidade praticado fora do matrimônio. Inclusive a masturbação, vista como uma válvula de promiscuidade incompatível com os planos de Deus.

O ato é recriminado, mas discuti-lo não é tabu. Um dos pastores mais populares no Brasil hoje, Claudio Duarte, é um exemplo. Ele diz que a prática onanista é pecado, mas sem a austeridade de líderes mais tradicionais, que franzem o cenho para anunciar o capiroto em tudo o que enxergam como bancarrota do espírito. Certa vez, durante uma pregação, fez piada sobre o marido que, ao tomar um banho demorado, esqueceu-se de trancar a porta e deu de cara com a esposa. "Ela entrou, pegou ele naquela situação e falou assim: 'Seu nojento, cachorro, porco, imundo'." Até que o camarada, com a mão ali, saiu-se com esta: "É meu, eu lavo na velocidade que eu quiser".

Um desses tipos que dispensam paletó no púlpito, dono de uma franjinha de cabelos bem brancos adquiridos depois dos sessenta anos com um implante capilar publicizado em suas redes sociais, Duarte prega sobre sexo à moda de um comediante de *stand-up comedy*. Ora aborda a impotência narrando o que seria um bom varão tentando satisfazer sua mulher: "Você fazendo sexo, e os anjos ao redor, 'vai maluco, vai maluco'. E o Satanás: 'falha, falha!'". Ora pede seletividade na escolha dos pretendentes: "Seu coração não é arca de Noé, não deixe qualquer animal entrar".

É o evangélico mais influente da internet brasileira, segundo levantamento feito em 2023 pelo Datafolha com 1500 participantes em enquete virtual. Na categoria religião, só perde para dois padres, Fábio de Melo e Marcelo Rossi, e está acima do papa Francisco e do pastor Malafaia no ranking de líderes religiosos mais admirados pela população. O magnetismo de sua figura revela algo óbvio dentro dos templos, e que contraria a imagem mental que tantas pessoas fora deles têm, do crente sexualmente enrustido, numa eterna cruzada contra as tentações carnais próprias e de outrem. Evangélicos gostam de transar, gostam de gozar e, ainda que não sejam tão despudorados para explorar uma sexualidade ampla, geral e irrestrita, estão aprendendo a falar abertamente a respeito.

Claro que há igrejas mais recatadas para conversar sobre o tema. Outras menos. Mas, via de regra, evangélicos seguem o preceito de que Deus planejou o sexo para ser feito por marido e mulher, num binômio necessariamente heterossexual, e que o prazer não é apenas um meio para a procriação, mas um fim em si.

São bissextas as igrejas que não condenam a prática homossexual. A Bíblia traz pouquíssimas referências a ela, e traduções enviesadas atrapalham uma interpretação precisa. Veja o versículo de Coríntios em que o apóstolo Paulo enumera todos aqueles que não entrarão no reino de Deus. Em algumas versões, vão para a lista maldita efeminados e sodomitas, que às vezes são chamados de devassos. Outras mencionam homossexuais passivos e ativos. Mas não há consenso teológico, linguístico ou sociológico sobre a melhor forma de traduzir aqueles escritos em grego, língua original de todo o Novo Testamento, à luz da contemporaneidade. Não haveria uma transposição indiscutivelmente correta do ethos cultural da época em que a Bíblia foi escrita aos nossos tempos.

Há uma disputa narrativa entre a maioria conservadora e uma minoria inclusiva em torno da população LGBTQIA+. Contudo, a verdade é que dá para contar nos dedos quantas vezes esse tema aparece nos livros sagrados do cristianismo, e sempre tratando de homossexuais, já que outros meandros da diversidade sexual e de gênero sequer dão as caras nos tomos. Não há transgêneros nesse enredo, por exemplo. A Bíblia é bem heteronormativa nesse sentido: uma correnteza de histórias centralizadas nos dois gêneros que Deus inaugurou em Adão e Eva, com inegável protagonismo masculino.

O sexo vem como um dom concedido por Deus ao marido e à mulher. Vale quase tudo entre o casal ungido em matrimônio, e praticamente nada fora dele.

Mônica acredita nisso e, nessa quase uma década que se passou desde o nosso primeiro contato, acha que as amigas evangélicas ficaram "mais soltinhas". Os tempos, eles estão mudando. Mas não tanto assim. Ela começa falando sobre um vídeo que viu de Claudio Duarte em que o pastor diz que, se quiser segurar um homem, a mulher precisa mantê-lo de barriga cheia e saco vazio. "Ele é demais!"

Ela, aliás, não atende mais por Munik quando retomamos nosso papo, agora em 2022. Abriu uma imobiliária com o marido e, três anos antes, deixou de lado a comercialização dos produtos eróticos. Pensa em resgatar a atividade, dando preferência a itens que têm feito sucesso com os clientes religiosos. Como esmaltes comestíveis "para a turma que gosta de dedinhos dos pés", nos sabores tutti frutti e hortelã.

Por videoconferência, de um escritório com luz branca de onde vende imóveis na capital paulista, Mônica conta como ainda se irrita ao se lembrar das "puritanas" que maldiziam suas vendas. "Não tem coisa pior do que mulher mal-amada", diz. "Tá todo mundo evoluindo, e elas vão ficando lá embaixo."

Adoraria não ligar para isso. Mas, sim, ela dá bola. "Quando ficarem mais velhas e a bexiga começar a cair, vão desejar ter feito pompoarismo." Só podem estar de sacanagem.

6.
Poder

Marisa Lobo está chateada. Jofran Alves, pai dos seus filhos, despachou os dois livros favoritos da esposa. Ela queria muito posar com eles para o retrato que proponho no dia, mas Jofran, um sujeito baixinho com polo listrada que nos espera numa mesa próxima com um salgado comprado no aeroporto de Congonhas, tinha esquecido de tirar da mala uma Bíblia e uma Constituição. Ambas estão a serviço "de uma sociedade mais justa e equilibrada", palpita a dona dos exemplares. E estão em sua casa, em Curitiba, a quatrocentos quilômetros de nós.

É a primeira vez que conversamos ao vivo, em uma tarde de 2013, meses após o Brasil ter sido tomado por protestos que estremeceram a cena política nacional. Também os evangélicos, em junho daquele ano, haviam entupido o espaço público num protesto de proporções tectônicas que até hoje produz réplicas no segmento. Conduzida pelo pastor Silas Malafaia, uma multidão protestou em frente ao Congresso contra causas progressistas que perigavam avançar na sociedade, da flexibilização das leis sobre aborto à criminalização da homofobia. "Ativistas gays", apelido dado à militância LGBTQIA+, eram alvos preferenciais. Um rapaz com blusa de mangas longas, que simulavam músculos anabolizados, ergueu um cartaz de fundo fosforescente onde se lia: "Nova moda no Brasil: MMA, Minorias Mimadas Autoritárias. Se você falar mal eles te espancam. Cadê a democracia?".

Os decibéis conservadores subiam à medida que o estampido identitário ganhava volume nas primeiras décadas do século XXI, com pastores de grande porte induzindo suas ovelhas a crer que o discurso religioso contrário a pautas como feminismo e diversidade sexual e de gênero estava sob censura. Marisa conquistou alguma projeção nessa conjuntura, ao comprar briga com o Conselho Federal de Psicologia. O órgão ameaçava cassar o registro de psicóloga da autodenominada "psicóloga cristã" e "sexóloga crente", que também clamava para si o título de coach do deputado federal Marco Feliciano.

O também pastor recebeu desagravos de colegas, no mesmo 2013, por ficar sob mira da esquerda depois de assumir a presidência da Comissão de Direitos Humanos da Câmara dos Deputados. Autor de frases como "aids é uma doença gay", Feliciano acabou no posto com endosso do PT. A sigla da então presidente Dilma Rousseff topou um cambalacho partidário para acomodar aliados mais poderosos em comissões importantes. Acabou entregando uma comissão tida como de menor calibre ao nanico PSC, o Partido Social Cristão, que abrigava Feliciano na ocasião.

Marisa virou coadjuvante nessa trama ao ser acusada pelo conselho que representa sua classe profissional de apoiar a "cura gay", uma técnica de alta voltagem proselitista que promete reverter a orientação sexual de pacientes homossexuais e fere o código de ética da psicologia. Durante nosso primeiro encontro, ela lamenta que faculdades da sua área a tratem como "a pior profissional do mundo" e nega a oferta de tratamentos para reprimir a homossexualidade de um paciente. Não faz sentido enquadrá-la como preconceituosa, argumenta. "Meu cabeleireiro é gay, meu médico de pele é."

Mas "falando como cristã", continua, ela acha possível, sim, e também honrado, uma pessoa procurar se livrar de sentimentos homoafetivos. "Se o desejo é não desejar pessoas do mesmo sexo, isso é direito humano dele. Se a pessoa pegar a chave do armário e se trancar lá dentro, ótimo, problema dela", conta enquanto sorve uma xícara de cappuccino na praça de alimentação do aeroporto de Congonhas. "Comportamento homossexual é pecado. A Marisa Lobo psicóloga não entra nessa questão. Mas a Bíblia diz. Ponto-final."

O que ela pontua como fim de papo é só o começo para entendermos a lógica de dominação que guia quase todas as maiores igrejas evangélicas brasileiras, bússolas para a infinidade de templos menores espalhados pelo país. Grosso modo, os fiéis do passado queriam distância do que viam como vicissitudes de um entorno impuro. Estavam dispostos a bater de porta em porta para perguntar se os descrentes de Jesus Cristo tinham um minutinho para ouvir a palavra de Deus, mas evitavam interações mais diretas com a sociedade secular, para não se deixarem contaminar por ela. Um bom retrato dos pentecostais, a caminho de se tornar o estrato mais corpulento desse ramo cristão no Brasil, eram os homens de terno com Bíblias sob o sovaco, acompanhados de diligentes esposas que não usavam maquiagem e mantinham cabeleiras avessas à tesoura.

A estratégia evangelizadora ganhou nova cara nos anos 1980. Inspirados por televangelistas americanos como Jimmy Swaggart, um primo do cantor Jerry Lee Lewis que impactou uma legião de pastores, e também por um canadense que fez carreira religiosa no Brasil, o bispo Robert McAlister, líderes como Malafaia passaram a ver instrumentos antes repudiados por pares como aliados da causa evangélica. Compraram horários nas grades televisivas, principal canal de comunicação com as massas da época, para disseminar seus princípios cristãos. E foram ativando, de pregação em pregação, um combo teológico assim descrito pelo sociólogo da religião peruano José Luis Pérez Guadalupe:

As concepções bíblico-teológicas sobre o mundo e a política mudaram radicalmente no continente, e os novos evangélicos latino-americanos não apenas participam e desfrutam do mundo sem o menor remorso ("Teologia da Prosperidade"), como também buscam purificá-lo ("Teologia da Guerra Espiritual") e conquistá-lo ("Teologia do Domínio" ou "Reconstrucionismo").

Complementares, essas teologias compartilham uma ideia-base de que o crente não deve ser apático à realidade que o cerca, como se encarasse o reino de Deus como uma recompensa futura para quem vivesse sob um rígido cânone cristão. Pelo contrário: em vez de deixar o mundo à mercê dos ímpios, deveriam dele se apropriar. Ou já era, o diabo triunfou.

A doutrina que legitima a busca por uma vida próspera é a mais conhecida do trio, mas não ficaria de pé sem o respaldo das outras duas. A chamada Teologia da Guerra Espiritual estabelece um duelo constante entre forças do bem e do mal. No campo individual, revela-se nos tantos cultos de libertação que prometem expulsar demônios do corpo de alguém que sucumbiu a malignidades e, portanto, não consegue avançar. De problemas de saúde a infortúnios financeiros, muito é colocado na conta de diabos literais. Essas potências demoníacas também se fariam presentes na esfera pública, e o dever moral do bom cristão seria dar seu máximo para expurgá-las. Na nova ordem evangélica, predominante nos templos, elas podem se traduzir nas drogas, no aborto e nas relações homoafetivas, por exemplo. O inimigo natural seriam aqui as tais "MMA, Minorias Mimadas Autoritárias", vistas como diques que impedem o bem de progredir na Terra.

A Teologia do Domínio é o ápice dessa compreensão de que os evangélicos têm o compromisso de dominar áreas sensíveis da sociedade, carentes da presença de Deus. Ocupar esses lugares antes que alguma alternativa nefasta se apodere deles é mais do que predisposição, é predestinação. Se você acredita que a vontade divina vai numa direção, por que cruzaria os braços e assistiria impassível ao mundo ir na contramão?

"Na realidade", aponta o sociólogo Guadalupe,

> o reconstrucionismo não é uma proposta totalmente nova, pois suas bases teológicas foram originalmente formuladas em círculos calvinistas ultraconservadores e, mais tarde, recuperadas por ativistas políticos carismáticos e neopentecostais em busca de uma legitimidade teológica para conquistar o poder sob uma suposta superioridade moral evangélica e a subordinação do sistema legal do Estado às leis bíblicas.

Um poder que pode se manifestar na atividade política, com a conquista de posições diversas no Executivo, no Legislativo e no Judiciário. Como resumiu Silas Malafaia às portas da eleição municipal de 2020, "a cidadania no céu não anula a cidadania terrena". É preciso, segundo o pastor, interpretar corretamente a Bíblia: "Quando Jesus fala 'dai a César o que é de César, e a Deus o que é de Deus', ele quer dizer que temos que cumprir nossa função como cidadãos da Terra e como cidadãos do céu. Não abra mão de votar e ter a oportunidade de escolher governantes que defendam os valores cristãos".

A política é uma expressão poderosa dessa ideologia da subjugação, mas não é a única. Aqui entra uma quarta corrente para defender a imprescindibilidade de ter mais evangélicos em zonas de influência social: a Teologia dos Sete Montes. Marisa Lobo e eu trocamos mensagens uma década depois do nosso encontro em Congonhas. Nelas, a psicóloga evoca um autor cristão peruano que fez relativo sucesso na bolha evangélica.

Johnny Enlow mostrou como os cristãos são chamados para manifestar o Reino de Deus nas sete principais esferas da sociedade: religião, educação, família, governo, economia, artes/celebração e entretenimento. Como nós, cristãos, podemos e devemos influenciar com valores bíblicos todas as áreas da sociedade, como um cidadão de bem. Esta é a nossa missão: ide por todo o mundo e pregai o Evangelho a toda criatura.

Os sete montes integram uma visão estratégica para o ideal da supremacia evangélica, moldado a partir de uma profecia que teria sido revelada no mesmo ano, 1975, mas em remessas separadas, a dois americanos. Tanto Loren Cunningham, fundador da Jocum, entidade missionária que no Brasil se envolveu na evangelização de indígenas, quanto Bill Bright, evangelista da Campus Crusade for Christ, organização de alcance global, diziam ter recebido uma lista com as tais sete áreas nas quais os evangélicos deveriam se embrenhar. Tinham como propósito "formar nações para Cristo" e "tomar território de Satanás em oração", nas palavras de Cunningham.

O sete é carregado de simbologia bíblica. É só ler os livros. Deus gasta seis dias criando o mundo e descansa no sétimo (Gênesis). A mãe deverá ficar por sete dias com um bezerro, um cordeiro ou um cabrito antes que os filhotes possam ser oferecidos como sacrifício a Deus (Levítico). Naamã precisa se lavar sete vezes no rio Jordão para se purificar da lepra (Reis). Entre as sete coisas que Deus detesta estão a língua mentirosa e aquele que semeia discórdia entre irmãos (Provérbios). São sete os sinais do poder de Cristo no Evangelho de João, da multiplicação de pães e peixes à transformação da água em vinho (Evangelho de João). Sete anjos com sete trombetas aparecem após a abertura de sete selos, cada um deles interpretado como um spoiler do fim dos tempos, de grandes terremotos a guerras mundiais (Apocalipse).

Também são sete as bandas mapeadas pelo que Cunningham e Bright tomaram, na década de 1970, por cartografia divina. Johnny Enlow as retomou em 2008, num livro que propõe um plano de ação até o ano 2050. A obra diz que entramos numa "era do renascimento", que só será concluída quando os embaixadores de Deus exercerem plenamente o papel que lhes cabe na divulgação de Seu esplendor. A tática é dominar tudo: o evangélico tem mais é que se meter mesmo, nos itinerários pedagógicos, no foro íntimo familiar, na indústria do entretenimento, nas casas parlamentares e sedes do Executivo, enfim, em todos os campos nos quais possa interferir para que seja feita a Sua vontade — ou ao menos a leitura que líderes fazem dela e tratam como verdade absoluta.

Priscila Coelho vê a mesma Teologia dos Setes Montes sob uma lente hostil. Para ela, é dessa polpa do fundamentalismo que pastores espremem um amontoado de discursos de ódio. Priscila clama um duplo lugar de fala para maldizer a classe. É lésbica, "aquela muito sapatão estereotipada", e crente. Foi ordenada pastora por Márcio Valadão, que chefiou por mais de meio século a poderosa Igreja Batista da Lagoinha, até se aposentar em 2022.

Márcio passou o bastão para um dos filhos e um outro nome da igreja. Retirou-se de cena após anunciar a morte do ex-ator Guilherme de Pádua, que assassinou a colega Daniella Perez em 1992 e anos depois virou pastor da Lagoinha. "Caiu e morreu. Morreu agora, agorinha", Márcio comunicou, sorrindo, o fato fúnebre num vídeo postado nas redes sociais. O tom insólito pôs em xeque suas faculdades mentais, e assim André Valadão herdou do pai o controle de centenas de templos da marca evangélica.

Ao contrário de Márcio, de perfil conciliatório, André é muito mais dado a controvérsias que rebentam o cercadinho evangélico. Seu extremismo foi inchando ao passo que as guerras culturais ganhavam centralidade nos púlpitos. Se antes era visto como figura periférica pela cúpula da religião, um playboy que teria sido despachado para liderar a Lagoinha em Orlando porque dava dor de cabeça ao patriarca, em 2022 ele virou um dos protagonistas no embate entre setores conservadores e progressistas da sociedade.

Seu respaldo à reeleição de Jair Bolsonaro lhe rendeu inclusive dissabores com o Tribunal Superior Eleitoral. André mentiu dizendo ter recebido ordens de Alexandre de Moraes, ojerizado pelo bolsonarismo por seu papel como presidente da corte e ministro do Supremo Tribunal Federal, para se retratar por acusações feitas contra o petista Lula naquele pleito. A meta, sair de vítima da censura do Judiciário, foi alcançada em parte, com múltiplos desagravos dentro do polo conservador. Mas ricocheteou contra ele próprio quando ficou claro que a história não era nada daquilo que estava vendendo.

André garantiu mais quinze minutos de infâmia entre fileiras progressistas no ano seguinte, quando usou a Lagoinha Church Orlando para liderar uma campanha anti-LGBTQIA+ tão virulenta que irritou até mesmo pastores que veem a diversidade sexual e de gênero como um mal a ser combatido. Ele escolheu a dedo o mês de junho, em que se celebra o Orgulho LGBTQIA+, para lançar o bordão "Deus odeia o orgulho". Semanas depois, dobrou a carga e disse ser preciso "resetar" membros dessa comunidade e que, se Deus pudesse, "matava tudo e começava tudo de novo".

A radicalização no clã não para em André Valadão. Sua irmã mais velha, Ana Paula, já declarou que a homossexualidade colide com "o que Deus determinou", e "taí a aids para mostrar que a união sexual entre dois homens causa uma enfermidade que leva à morte e contamina as mulheres". Mariana, a caçula dos três irmãos, é esposa do pastor Felippe Valadão, que pegou da família o sobrenome e a inclinação para se indispor com minorias. Em 2022, ele investiu contra religiões de matriz africana durante um evento da prefeitura de Itaboraí, na região metropolitana do Rio. "De ontem para hoje tinha quatro despachos aqui na frente do palco. Avisa aí para esses endemoniados de Itaboraí: o tempo da bagunça espiritual acabou, meu filho. A igreja está na rua! A igreja está de pé!", discursou na cidade fluminense.

Os Valadão simbolizam essa premissa, disseminada em várias igrejas contemporâneas, de que impor sua visão de mundo para o resto da sociedade é um imperativo da fé evangélica. Afinal, que cristão fajuto você seria, uma vez conhecendo a verdade de Jesus Cristo, se não se esforçasse para iluminar quem vive nas trevas da ignorância, numa vida apartada dos valores que você entende por soberanos e inegociáveis?

Certa vez, conversando com jovens em vestidos de pedraria cintilante nos bastidores da Marcha para Jesus, parte de um corpo de dança gospel que se apresentaria no evento, perguntei como elas tinham tanta certeza de que o Deus em que acreditavam era para valer, e todos os outros abraçados por bilhões de pessoas ao redor do mundo, divindades de araque. Lembrei-me do vídeo do Porta dos Fundos em que Clarice Falcão encarna uma moça cristã embasbacada ao descobrir, quando morre, que sua crença de nada valia, porque o Deus legítimo era cultuado por uma tribo na Polinésia, papel do humorista Rafael Infante. As dançarinas conheciam o esquete cômico, e uma sorriu com condescendência antes de me apresentar a seguinte analogia: assim como o feto que nasce procura o seio materno em busca de nutrição, também a humanidade instintivamente se volta à fé para saciar uma fome espiritual primitiva. Faz parte da experiência humana, portanto, essa necessidade de se prostrar diante da convicção em alguma força superior.

Tá, mas por que o Deus judaico-cristão prevaleceria sobre os demais, eu insisto. A Bíblia entra na jogada: "Tudo o que ele fez é apropriado ao seu tempo. Também colocou no coração do homem o conjunto do tempo, sem que o homem possa atinar com a obra que Deus realiza desde o princípio até o fim". A passagem citada pertence ao livro do Eclesiastes, atribuído ao rei Salomão, cuja sabedoria teria sido outorgada pelo próprio Deus.

Ou seja, o criador de Adão e Eva aparelhou a dupla com o desejo de ser eterno. Mas o casal O desobedeceu e foi punido com a certeza de que mais cedo ou mais tarde sua carne iria perecer, destino putrefato legado a seus descendentes. A leitura que minha interlocutora oferece é a de que o senso de finitude nos empurraria a uma caça por aquilo que perdemos, a vida eterna. Satanás viu aí uma brecha para empestear diferentes povos com o culto a falsos deuses. O que importa, me diz aquela dançarina de aparelho nos dentes e coque fixado à custa de muito gel, é que Deus zela por todos nós, ainda que não sejamos capazes de alcançar Seu trabalho em plenitude.

Restaria ao servo fiel desse Deus todo-poderoso remover do mundo todas as cascas de banana que o diabo joga para nos desvirtuar do caminho dos justos. Daí a força de teologias como a dos Sete Montes, que reforçam o compromisso do povo evangélico em corrigir todos os campos sociais que julguem corrompidos. Não é todo o segmento que pensa com essa cabeça colonizadora, mas a fatia vem crescendo no meio. "O fundamentalismo voltou forte", diz a pastora Priscila. "É aquela coisa de perceber comportamentos que não estariam apropriados com as Escrituras e combatê-los. Mas não tem nome de ódio. Tem nome de fé."

Priscila destoa de outras pastoras. Ela já usou moicano, aquele corte em que as laterais do cabelo são raspadas e sobra só uma crista no meio, e hoje opta por longos dreadlocks. Tem na orelha esquerda um brinco alargador por onde passaria fácil um dedo. Gosta de camisas havaianas mais largas no corpo, que deixam à mostra um braço fechado por tatuagens. As do pescoço, também visíveis, são uma cruz e um trevo de quatro folhas.

Ela acredita que nunca foi sorte, sempre foi Deus, ter encontrado sua fé depois de vários perrengues na vida. Demorou, mas chegou. Os pais são evangélicos, ele, pastor da igreja Deus É o Caminho. "Mas nunca fui amante do cristianismo."

Até porque aquele ambiente parecia pouco amigável na juventude. Aí o vício bagunçou sua vida, e Priscila se sentiu tragada "por muita loucura, ou aquilo que a gente chama, numa linguagem 'crentês', de estar perdido". Envolveu-se com drogas, e depois com o tráfico delas. "Comecei tomando bala. Usava cotidianamente. Quando tinha um vazio, ela me conduzia a achar algumas respostas para meu sentimento de inadequação. Não era por ser lésbica, não. Era um vazio estranho, que eu queria anestesiar." Logo foi do ecstasy à cocaína, que lhe caiu como luva. "Fez muito sentido, porque potencializou o que eu já tinha de espontaneidade, de carisma. Uma certa malandragem. Expressão horrível esta que vou usar: você fica literalmente de quatro para o pó."

Credita a um abuso sexual que sofreu quando tinha cinco anos, de um vizinho, parte da baderna mental que a empurrou para a vida louca. Entendeu criança que precisava ser forte, ou estaria lascada, e transou e se drogou antes mesmo de completar catorze anos. A sexualidade era um campo confuso. Via-se como bissexual na infância, porque meninos e meninas a instigavam. Compreendeu que seu lance era só mulher pouco antes de um tio, que era gay, morrer. Priscila tinha catorze anos quando soube da orientação sexual dele. Fez o link e sacou: "Opa, sou isso aí". Passou um tempo, e o tio se envolveu com outro homem, um traficante que se dizia heterossexual. Acabou assassinado pelo amante.

Ainda nessa temporada ela não nutria grandes paixões pela fé cristã. O pai traía a mãe, que tinha casado virgem e apaixonada. Achava hipócrita demais. Gostava do Deus dela, não do dele. Por via das dúvidas, afastou-se da religião. Aos 24 anos, contudo, sentindo-se oca por dentro, ponderou se não valia dar uma chance àquele Deus que a mãe adorava. Priscila namorava uma moça da Barra da Tijuca e foi morar no Rio. Mas não conseguia ser monogâmica, o que se provou fatal para a relação. Levou um pé na bunda. "Ela chegou e falou: 'Não dá mais, Pri, você me machuca, me trai'." Reproduzia o mesmíssimo comportamento do pai que tanto abominava. Chegara a hora de fazer as pazes com o Senhor. "Eu fiz uma oração no mar, no posto 4 da Barra. Tava chapadona de cocaína e de vodca pura com gelo, na beirinha da praia. Liguei pra minha mãe e falei que queria ir no rolê da igreja dela." O rolê era a matriz da Lagoinha.

Foi no conglomerado religioso da família Valadão que Priscila se conectou com a fé. Apostou no Impacto Vida, um retiro espiritual de três dias em que a pessoa é apresentada ao Evangelho. Entregaram-lhe ali uma lista com sessenta condutas inapropriadas para um bom cristão, e ela lembra que só não marcou duas das opções: sexo com animais e aborto. Subscreveu as 58 outras opções consideradas pecado: mentira, drogas, homossexualidade, tráfico, assalto, "todas essas paradas".

Ao fim da dinâmica, os participantes foram encaminhados a um cômodo com uma cruz e receberam a mensagem de que "todo mundo carrega uma cruz". Deus, no entanto, levaria as tretas de cada um deles consigo. Bastava se entregar. Em outro momento, numa apresentação da Diante do Trono, banda gospel pela qual passaram os três filhos do pastor Márcio, tudo ficou claro para Priscila. "Nesse dia aí que tive noção: ferrou, tô convertida, sou crente."

Isso tudo aconteceu antes de Ana Paula Valadão vincular o HIV a uma praga contra homossexuais, ou de o irmão André orquestrar seu ataque contra a comunidade LGBTQIA+. Antes mesmo, aliás, de o filho que agora comanda centenas de templos da Lagoinha lançar o álbum *Aliança*, em 2012. A capa do disco foi colorida com um arco-íris, o que gerou comparações com a bandeira do orgulho que execrou publicamente onze anos depois.

Na época, André teve que prestar contas sobre o design do trabalho. Empunhou o Gênesis para rebater os críticos que o cobravam dentro do segmento. Diz o primeiro livro do Antigo Testamento que Deus formou um arco-íris para Noé se lembrar do elo eterno com seu Criador. "Nós, igreja, temos a facilidade de entregar ao inimigo aquilo que Deus deu pra nós", argumentou. "O arco-íris não é um símbolo de um movimento, é o símbolo de uma aliança que Deus fez com o homem."

A intolerância dos filhos do pastor demorou para acinzentar a relação de Priscila com a Lagoinha. Alguns anos após entrar no quadro de fiéis, conta, ela conversou com o patriarca do clã sobre o chamado para trabalhar com a população LGBTQIA+. Lembra que Márcio respondeu que a cada missionário é dado uma isca para alcançar tipos diversos de almas. Deus não conhecia o acaso, e se pôs Priscila ali, à toa é que não foi.

Nascia o Movimento Cores, "uma aliança de Deus com todo mundo", explica a pastora, que preserva uma relação dúbia com a própria sexualidade: se diz celibatária porque acha que a homossexualidade a leva a ser promíscua, embora a identidade em si não seja pecado e possa muito bem se adequar a outros. O Cores passou anos sob o guarda-chuva da Lagoinha, até romper com a igreja em 2023, depois de André Valadão subir o tom contra a diversidade. Declarada a independência, Priscila pregou num dos primeiros cultos da nova fase que os presentes no salão precisavam perdoar "aos que nos veem como inimigos".

Atritos assim têm se tornado comuns nas congregações evangélicas. Não são todas, mas são muitas as igrejas que baixaram o grau de tolerância para comportamentos percebidos como malignos. A polarização que rachou o país nos últimos ciclos eleitorais, sobretudo os que contrapuseram Bolsonaro a um nome do PT, Lula ou Fernando Haddad, também fez estragos nas relações de irmãos evangélicos. O extremismo aumentou, calcificando no corpo da Igreja teologias que presumem a soberania evangélica sobre outras crenças, e a obrigação moral de pisar na cabeça das serpentes encontradas pelo caminho.

Elas podem tomar formas variadas, como na demonização de religiões afro-brasileiras, um atentado à idoneidade espiritual, segundo pastores proeminentes. O bispo Edir Macedo plantou as sementes de sua Igreja Universal do Reino de Deus nos anos 1970, durante pregações que fazia no subúrbio carioca, num coreto que já descreveu como "encardido" e com "um cheiro insuportável de urina". Nos anos seguintes, foi um dos líderes a capitanear um processo de higienização contra correntes religiosas tachadas de impuras. Em *Orixás, caboclos e guias: Deuses ou demônios?*, best-seller que publicou nos anos 1990 e relançou múltiplas vezes desde então, Macedo incluiu exus no rol de "espíritos malignos sem corpos, ansiando por acharem um meio para se expressarem neste mundo", e citou uma passagem do livro de Mateus para justificar a necessidade de decantar crenças tidas como hereges pelo cristianismo, esse sim, inconteste manifestação do sagrado: "Os demônios lhe imploravam, dizendo: se nos expulsas, manda-nos para a manada de porcos". A zanga com a religiosidade alheia se distribui em capítulos como "Macumba pega?" (mas o crente não precisa temer, porque Salmos já preconizava que "caiam mil ao teu lado e dez mil à tua direita, a ti nada atingirá") e "Nomes usados pelos demônios" ("seitas animistas e fetichistas" importadas por escravizados africanos teriam evoluído até parir Zé Pelintra, Pombajira e companhia, segundo o bispo).

Evangélicos não inventaram a perseguição a crenças de matriz africana. O primeiro censo brasileiro pintava um Brasil próximo da unanimidade católica. Viver sob essa rubrica cristã, ao menos na fachada, era condição sine qua non para um Estado que tinha no catolicismo sua religião oficial.

Rituais afro-brasileiros aconteciam às margens, desqualificados como feitiçaria. Havia acossamento policial, mas não criminalização no Império, ao menos nada que constasse na Constituição e no Código Criminal do período. Mas havia outras formas de sufocar as práticas religiosas malquistas pela elite senhorial. Elas só podiam acontecer em casas que não aparentassem ser um templo quando vistas de fora e eram reprimidas por autoridades sob pretextos variados.

A Igreja Católica perdeu o status de religião oficial em 1890, dois meses após o Brasil trocar a pele imperial pela republicana. Laico no papel, mas ainda sob forte influência do Vaticano, o Estado escalou sua repressão às crenças de raiz afro, enquadradas nos artigos 157 (espiritismo, magia e outros sortilégios) e 158 (curandeirismo) do Código Penal vigente. Três anos após alçar Nossa Senhora Aparecida ao cargo de padroeira do Brasil, um cafuné no ainda poderoso clero católico, o agnóstico Getúlio Vargas fez um decreto em 1934 para derrubar o veto ao candomblé, à umbanda e outras dessas fés. Algumas resistiram ao período de proibição apelando ao sincretismo com o catolicismo popular, equiparando santos a orixás. Assim se criou a identificação entre Iemanjá e Virgem Maria, ou Ogum e são Jorge, por exemplo.

Não que o cerco às religiões afro-brasileiras tenha parado por aí. Ao longo do século XX, forças policiais continuaram a confiscar objetos sagrados e fazer batidas em terreiros. Leis locais também escancaravam o preconceito, como uma paraibana de 1966 que obrigava sacerdotes dessas crenças a apresentar um laudo psiquiátrico comprovando sua sanidade mental.

A Constituição Federal de 1988 dá mais firmeza institucional ao conceito de liberdade religiosa. Todavia, na mesma época, evangélicos começam seu processo de expansão nacional, instaurando uma nova fase de perseguição às convicções afro-brasileiras. Não era apenas uma questão de desavença teológica. Quando começaram a atacar essa linha de fé, líderes como Macedo estavam também de olho no mercado dos fiéis que sobravam para as religiões mais "nanicas". Rivalizar com candomblecistas, umbandistas e afins, além de espíritas, grupo de DNA europeu, parecia mais plausível naquele momento do que bater de frente com a hegemonia católica ainda reinante no país.

A demografia religiosa mudou bastante desde então, com míngua de católicos, hoje em torno de metade do povo, e avanços a galope de evangélicos e pessoas que não seguem uma crença específica — entram aí ateus, agnósticos e quem se diz espiritualizado, mas descarta uma fé mais institucionalizada. O aumento populacional abriu o apetite nos templos por mais espaço na sociedade como um todo, incentivando o plano de dominação posto em marcha por pastores nas últimas décadas.

Por vezes são interferências que soam prosaicas para o público externo. Caso da pastora Sarah Sheeva, primogênita da também convertida Baby do Brasil com Pepeu Gomes, que investiu contra o Coldplay. A música precisa ser pura para glorificar a Deus, e a banda britânica, em sua opinião, não cumpre esse requisito. Sheeva foi então às redes sociais fazer um apelo aos pares evangélicos. "Não se engane, no céu não toca 'Capetaplay', os anjos de Deus não cantam 'Coldinferno', eles não gostam, mas você, sim, você gosta, e não abre mão disso... No grande dia, você não poderá dizer que Deus não usou alguém pra te alertar, pois eu estou aqui fazendo esse trabalho por ordem dele."

Preencher o máximo de poros sociais é uma medida profilática para o grupo, que gosta de repetir um trecho famoso da primeira carta de são Paulo aos Coríntios para evocar uma primazia sobre outras visões de mundo. André Valadão se apropriou dele num culto em junho de 2023: "Vocês não sabem que os perversos não herdarão o reino de Deus? Eu amo esta frase, esta pequena frase: não se deixem enganar. Nem imorais, nem idólatras, nem adúlteros, nem homossexuais passivos ou ativos, nem ladrões, nem avarentos, nem alcoólatras, nem caluniadores, nem trapaceiros herdarão o reino de Deus".

Há discussões infindas sobre a tradução mais apropriada para esse trecho bíblico, se faria sentido ou não interpretar as palavras originais, em grego antigo, no naco que fala em "efeminados" e "sodomitas", por exemplo. Mas o fato de essa versão ser tão popular hoje é sinal de tempos belicosos nas igrejas. O golpe do diabo está aí, cai quem quer. Os guerreiros de Deus, contudo, terão a sabedoria de lutar para que nenhum joio contamine o trigo de novo. Tá tudo dominado, se Deus quiser.

7.
Dízimo

Angelita Zacarias do Nascimento contribuiu para a obra de Deus com cruzeiro, cruzeiro novo, cruzado, cruzado novo, cruzeiro real e URV. Desde 1994, é uma dizimista fiel em reais. Hoje, repassa 350 reais todo mês à igreja, isso quando não pinga uma oferta extra na conta bancária do templo. Ela tem 83 anos, todos eles a serviço do Senhor, e me explica por que reserva pelo menos 10% dos seus proventos de professora aposentada do estado para o caixa da Segunda Igreja Batista em Duque de Caxias, o município mais populoso da Baixada Fluminense. "Hoje a gente ouve as pessoas falando que o dízimo é para o pastor", ela diz com nítido desdém à ideia. "Nada disso, não aprendi assim. Aprendi que é pra cuidar do Reino de Cristo. A gente sabe que o dízimo cobre muitas despesas da igreja. Água, luz, inclusive o pastor tem seu salário, ele trabalha na obra."

Ela entendeu desde cedo que deveria entregar a décima parte de tudo o que ganha nas mãos de Deus. O pai tirava o sustento familiar de trabalhos avulsos como estivador no cais do porto carioca, e cabia a Angelita levar a fração separada para o dízimo à casa do tesoureiro da igreja. "Mamãe contava as moedas e me mandava lá."

A vida aos poucos prosperou. A primeira casa na rua a ter TV, ainda em preto e branco, foi a deles. Todos os quatro filhos fizeram faculdade: Angelita cursou letras, a irmã, serviço social, e os dois rapazes, direito e ciências contábeis. Um feito atípico para um lar só de negros naquele miolo do século XX.

O arrimo de família acreditava que as graças recaídas sobre os seus eram resultado de sua fidelidade a Deus, inclusive no hábito dizimista.

Angelita fez o primeiro aporte por conta própria aos quinze anos, quando começou a receber salário pelas aulas complementares que dava num colégio mantido por batistas. Passou aos filhos o sentimento de missão. A filha Nilza Valeria recorda que, tão logo foi alfabetizada, escrevia o nome no envelope que os pais recheavam de dinheiro e pediam que colocasse na cesta de ofertas perto do púlpito, "de forma que eu aprendesse alguma coisa". A lição que carrega até hoje: o fiel deve doar parte dos seus recursos não porque Deus precise da grana, "era um tributo a ser pago para que as coisas funcionassem na igreja". Ajudar o próximo não sai de graça.

Não está em jogo apenas a manutenção do corpo eclesiástico. Os vários trabalhos assistenciais que partem desse polo religioso dependem da cooperação dos fiéis, dizem os pastores. A Igreja Universal do Reino de Deus sozinha, em 2019, contabilizava 257 mil voluntários no país, uma rede que ia muito além do amparo espiritual. O auxílio aos mais pobres incluía cestas básicas, manicure, suporte jurídico e até aulas de alongamento. Como garantir tudo isso sem o dízimo?

O termo vem do latim *decimus*, "a décima parte". Evangélicos usam um verbo ambíguo em português para se referir a essa transferência de capital para as igrejas: dizimar, o que também pode significar destruir, exterminar. A acepção sanguinária tem origem em um castigo aplicado por oficiais do exército romano a tropas insubordinadas. Executava-se aleatoriamente um de cada dez homens de um lote militar indisciplinado. Políbio, historiador da Antiguidade, descreveu a prática: aos selecionados, impunha-se o *fustuarium*, punição letal por meio de porretadas ou varadas, e ao resto se dava rações de cevada em vez de trigo.

Quando Angelita começou a dizimar, o repasse financeiro ainda não fulminava a imagem dos crentes perante a opinião pública secular. Hoje ela sabe que não é bem assim. Elites intelectuais do país se afeiçoaram a duas visões tão populares quanto ranzinzas para o fenômeno religioso do qual a batista octogenária faz parte. De um lado, pastores inescrupulosos de goela larga, bem treinados para usurpar o máximo de dinheiro possível em cultos esvaziados de qualquer quintessência espiritual. Na outra ponta, adeptos vitimizados e despidos de autonomia, à mercê de espertalhões afoitos para depenar suas economias.

A socióloga Cecília Loreto Mariz sintetizou bem esse binômio um tanto simplista em sua tese de doutorado, publicada nos anos 1990, quando a massa evangélica se adensava nas cidades:

> A crítica mais frequente e a mais contundente às igrejas pentecostais autônomas, especialmente à Universal do Reino de Deus, é que elas exploram financeiramente os pobres e que os pastores se enriquecem pedindo uma grande quantidade de dinheiro. De fato, é chocante ver tanta gente pobre, fraca, desdentada, malvestida, dar tanto dinheiro para pastores jovens, bem-vestidos, com saúde, de carro novo e com aparência de classe mais alta.

Essa generalização sobre o segmento continua em voga, alimentada por momentos como este do bispo Edir Macedo, chefão da Universal, sugerindo em 2020 que fiéis doem seus bens à igreja antes de ir ao encontro do Criador.

> Você, minha amiga, meu amigo, senhor, senhora, pessoas que têm bens, que têm propriedades, que têm riquezas: ora, preste atenção, se você quer fazer algo que agrade a

Deus, que vai beneficiar outras pessoas, antes de você morrer, antes de você passar para a eternidade, deixa o que você tem para a igreja envolver o trabalho, ou melhor, estimular, avançar o trabalho de evangelização. Com essa missão de levar o Evangelho a todas as criaturas. Porque tudo o que eu tenho, tudo, tudo, tudo que supostamente é meu, não é meu, não tenho nada. É tudo já preparado para dar continuidade a esse trabalho de evangelização no mundo inteiro. Já está determinado, já está definido. Minha amiga, meu amigo, essa é a minha fé. Nós fazemos isso porque nós cremos.

Dois anos depois, a internet resgatou a fala, que ganhou destaque em vários canais jornalísticos.

Por muito tempo, a chamada mídia tradicional escanteou para as editorias policiais notícias sobre o novo filão do cristianismo que ganhava corpo no Brasil. Reportagens se ocupavam com os métodos de arrecadação das grandes igrejas neopentecostais, muito competentes em convencer seu rebanho a estufar os envelopes destinados ao dízimo com cédulas de alto valor.

Ao transbordar dos espaços de fé para a arena midiática, após comprar a Rede Record de Televisão, a Universal virou alvo preferencial dos meios de comunicação. O ano de 1995, nesse sentido, é inclemente com a turma de Edir Macedo. Foi quando Carlos Magno, bispo rachado com a Igreja, divulgou uma série de vídeos que, em suas palavras, provariam a "degradação espiritual" na Universal. Tudo foi ao ar sob a tarja de EXCLUSIVO no *Jornal Nacional*, numa matéria que se espichou por quase nove minutos, um latifúndio para os padrões do jornalismo televisivo.

Na primeira gravação, Macedo joga futebol com alguns pastores em Salvador. No intervalo, dá dicas para maximizar a contribuição dos fiéis. A câmera foca nele, num ângulo de baixo para cima. Ele está de regata, suado, iluminado pelo sol baiano.

Você tem que chegar e se impor. "Ó, pessoal, você vai ajudar agora na obra de Deus. Se você quiser ajudar, amém. Se não quiser ajudar, Deus vai arrumar outra pessoa para ajudar. Amém." Entendeu como é? Se quiser, amém, se não quiser, que se dane. Ou dá ou desce. Entendeu como é que é? É isso aí. Porque aí o povo vê coragem em você. O povo tem que ter confiança em você. Se você mostrar aquela, aquele chocho, aquela maneira chocha, o povo não vai confiar em você.

Outro pastor comenta: "Você tem de ser o super-herói do povo". Macedo gosta do que ouve. "Exatamente. Você tem de ser um super-herói. 'Ó, pessoal, não vamos fazer isso aqui, é um grande desafio...'" Nova intervenção, de outro integrante da trupe bronzeada que não aparece no quadro: "O valente... O machão...". Macedo entra em cena de novo: "Eu fiz isso... Eu peguei a Bíblia e disse: 'Ou Deus honra essa palavra, ou então joga fora isso aqui'". Nessa hora, simula arremessar uma cópia das Escrituras no chão.

Há um segundo vídeo em que Macedo está ajoelhado nos fundos de uma Universal recém-inaugurada no Brooklyn, em Nova York. O novo templo ainda não tinha mesa, então ele conta as notas de dólar espalhadas no chão mesmo. Olha para o cinegrafista, põe a língua para fora e sorri. "Tornou-se uma obsessão, o dinheiro", lamenta Magno no principal telejornal do país.

Em outra cena, que o dissidente diz ter acontecido num hotel em Jerusalém, o bispo Honorilton Gonçalves da Costa anuncia que vai tirar a roupa e faz como quem abre a braguilha da calça. A galhofa aparece sem maior contexto e cumpre a missão de convencer os telespectadores da moral dúbia daqueles que querem coagi-los com uma pregação fajuta de salvação. Foi um auê, e uma das muitas vezes em que a Rede Globo recorreu aos seus espaços mais nobres para atacar a Igreja do dono da concorrente Record. Macedo, na época, acusou a Globo de manipular a imagem ao fazer Sérgio Chapelin, âncora do telejornal, dizer que Gonçalves exibia, "deslumbrado, uma nota de cem dólares".

Nada a perder, cinebiografia autorizada do bispo, apresenta sua versão para o episódio: não eram notas de cem dólares, mas de um dólar, e Macedo contava o dinheiro no chão porque a tropa de evangelizadores não tinha dinheiro para comprar uma mesa. A arrecadação ajudaria a pagar o aluguel do templo para que eles pudessem espalhar a palavra de Deus. Isso a Globo não mostra.

Ao comprar a Rede Record, Edir Macedo arrematou holofotes, mas também inimigos. O poder econômico que acumulou nos anos seguintes pasmava uma elite intelectual ainda pouco familiarizada com esses tais de crentes. A experiência neopentecostal iça o dinheiro ao primeiro plano da prática religiosa. É como a relação entre dois sócios, na definição do bispo e também de um cunhado seu, que ergueria seu próprio império evangélico.

O sociólogo Ricardo Mariano cita os dois, o dono da Universal e o fundador da Igreja Internacional da Graça de Deus, em sua tese de mestrado, a mesma em que cunhou o termo neopentecostal para se referir à leva de igrejas que valoriza a ascensão social do fiel pela via da meritocracia. Em 1990, Macedo recomendava que o fiel vivesse "a vida abundante que Deus amorosamente deseja para você", e preconizava que, para isso se materializar, "Deus deseja ser nosso sócio".

Para o crente que deseja prosperar, ensinou Romildo Ribeiro Soares, o missionário R. R. Soares, cunhado de Macedo, tornar-se dizimista é firmar um contrato com Deus.

> O negócio que Deus nos propõe é simples e muito fácil: damos a Ele, por intermédio da Sua Igreja, 10% do que ganhamos e, em troca, recebemos d'Ele bênçãos sem medida. [...] Quando damos nossas ofertas para a obra de Deus, estamos nos associando a Ele em seus propósitos. É maravilhoso saber que Deus deseja ser nosso sócio e que podemos ser sócios de Deus em sua missão de salvar o mundo. Ser sócios de Deus significa que nossa vida, nossa força, nossos dons e nosso dinheiro passam a pertencer a Deus, enquanto suas dádivas como paz, alegria, felicidade e prosperidade passam a nos pertencer.

O apóstolo Valdemiro Santiago é outro pupilo aplicado de Macedo. Ele pastoreou na Universal por dezoito anos até brigar com o chefe e abrir sua própria igreja, a Mundial do Poder de Deus. No dia 9 de janeiro de 2017, Valdemiro deu, literalmente, seu sangue por ela. Quando a vida lhe dá um limão, você faz uma limonada. Quando um ajudante-geral desferiu três golpes de facão em Valdemiro, o religioso foi à TV pedir dinheiro.

Naquela manhã, um homem com transtorno mental esfaqueou o pescoço do apóstolo com uma lâmina de 35 centímetros. Valdemiro apareceu no púlpito sangrando durante o culto televisionado. Dois dias e 25 pontos depois, ele voltou à igreja e ali incentivou fiéis a doarem 8 milhões de reais. Alegou precisar da bolada para quitar um mês de operações do seu canal de TV. "Deus me deu vocês, não como propriedade, mas como filhinhos, irmãos", pregou. "Quero ser pai de vocês. Ajudem essa obra. Deus vai lhes dar muito para ajudar." Abraçado a um fiel, continuou: "Quanto é que vale isso? Isso aí vale uma 'facãozada', duas, três, mil. Vale o sangue. Vale a dor".

Um pastor da igreja depois atribuiria poderes divinos à camisa usada por Valdemiro no dia do esfaqueamento. "Tá aqui, o sangue dele tá aqui na camisa. Vou passar o manto... Vocês vão tocar no manto... E vão receber milagres extraordinários."

Existe o fato: a carreira religiosa fez de Valdemiro um homem rico. A bonança desses superpastores levanta desconfiança sobre a origem lícita desse dinheiro, sob os pontos de vista tanto judicial quanto moral. O desembargador Fausto De Sanctis, autor de um livro em inglês sobre igrejas e crimes financeiros, lembra que as igrejas não têm que pagar imposto de renda sobre dízimos, o que dificulta a fiscalização. "É muito difícil rastrear o dinheiro porque existe grande circulação de moeda em espécie e pouca prestação de contas. Forma-se um meio propício para a lavagem de dinheiro."

Encontrei o apóstolo Valdemiro duas semanas após o atentado. Ele me recebeu em sua sala com tapete felpudo branco, sofá de veludo preto e a estátua de um cavalo de bronze com mais de três metros de altura, presente da filha. A sede da Mundial fica num prédio com oitocentos funcionários no Brás, região central de São Paulo, e tem uma piscina interna para batizar recém-convertidos à Igreja. O curativo no pescoço levou o mineiro criado na roça a abrir mão, temporariamente, do chapéu de vaqueiro que virou sua marca — na época, vendia réplicas por 54,90 reais.

Valdemiro estava inspirado naquela tarde. Soltou os cachorros contra a mídia, que para ele dispensa um tratamento preconceituoso e um tanto repetitivo nas vezes em que se dá ao trabalho de prestar atenção aos evangélicos. "Quando a imprensa dá a notícia, coloca lá: 'Valdemiro nem bem se recuperou e foi pedir oferta'." Propôs um novo olhar: comparou igrejas a clubes de futebol com "patrocínio do sócio-torcedor", que paga mensalidade ao clube em troca de benefícios. "O Palmeiras arrecadou milhões assim, e todo mundo aplaudiu. Eu pago só neste 8 milhões de reais. O preconceito leva o repórter a separar uma coisa da outra. Ontem mesmo estive com jovens da cracolândia. Isso [obras de caridade] tem um custo."

É um discurso similar ao de Macedo, com quem diz ter se desentendido tal qual os apóstolos Paulo e Pedro na época de Cristo ("um foi para um lado, outro para o outro"). Dois anos antes de romper com a Universal, Valdemiro sobreviveu a um naufrágio numa baía de Moçambique. Dois brasileiros desapareceram, dois escaparam. Valdemiro foi um dos últimos. Nadou até uma ilha, a cerca de quinhentos metros de onde estava o barco. Ainda pesava 153 quilos, antes de uma cirurgia de redução de estômago na qual deu adeus a 3,5 metros de intestino. Ele conta que, com ajuda divina, superou tubarões-brancos, água-viva, correnteza, câimbra e um mar salgado que fazia os olhos sangrarem. "Outros pastores foram comidos por tubarões de até oito metros."

Histórias de superação servem de fiadoras da onipotência do Criador, que em contrapartida nos exige sinais de fé e algum sacrifício. O pagamento do dízimo, então, põe o fiel como credor de Deus. Uma relação contratual que serve bem aos dois lados, portanto.

O dinheiro & você. A capa é ilustrada com pilhas de moedas, notas de cinquenta e cem reais e o nome do autor: Robson Rodovalho. O bispo da neopentecostal Sara Nossa Terra promete no livro guiar seu leitor na descoberta de "segredos espirituais, emocionais e práticos para adquirir riquezas". Explica que, ao "estudar a origem do dinheiro", percebeu que lidava com "um bem que já tramitava no meio dos anjos, [pois] Lúcifer tinha, antes da queda, algum tipo de comércio".

Rodovalho me recebe em 2013 para o primeiro de muitos papos que teríamos ao longo dos anos. Estamos na rua Augusta, zona oeste de São Paulo, na sede da igreja que ficou conhecida no começo dos anos 2000 por atrair celebridades como Baby do Brasil, Monique Evans e Rodolfo, ex-vocalista da banda Raimundos. O bispo veste paletó preto não abotoado, uma blusa branca com gola e punhos que se destacam e sapato de couro marrom. Em comparação a outras lideranças igualmente midiáticas, Rodovalho é mais diplomático e discreto. Não fez os confessos implantes de cabelo de Malafaia nem usa chapéu de vaqueiro como o apóstolo Valdemiro. Tampouco parece inatingível como Edir Macedo. Físico de formação e pastor de vocação, demora-se discorrendo sobre física quântica, tema que ensinou por anos como professor concursado da Universidade Federal de Goiás.

Rodovalho acha preconceituosa a forma como a imprensa lida com o dízimo. "São mais guerras de segmentos. A mídia não é inocente, está a serviço do capital." No site da Sara, a animação de uma abelha com sardas e bochecha rosada convida: CLIQUE AQUI PARA DOAR (mínimo de 30 reais). Dez anos depois, a ferramenta mudou. Agora é o desenho de uma urna para depositar o envelope com a oferta, sem um mínimo estabelecido. Há quatro modalidades à disposição: cartão de crédito, Pix, boleto e transferência bancária. Uma década mais tarde, e cá estamos, debatendo o mesmo tópico.

O bispo recorre ao Gênesis, o primeiro dos livros que formam o Antigo Testamento, e adiciona pitacos dos tempos de físico para fundamentar a prática dizimista. Vamos lá: Deus criou primeiro o Jardim do Éden, para ali o homem desfrutar da plenitude. Quando Adão e Eva caíram, deixaram de receber tudo de bandeja e precisaram plantar e colher para sobreviver.

> Quando Deus os corrigiu pelo pecado, disse: "vocês comerão o pão com o suor do seu rosto". Ou seja, o trabalho com enfado, com dores. Não era o plano original do Senhor. Quando a gente dizima, a gente entra no princípio de voltar a esse plano original. E entramos numa dimensão em que o universo trabalha para capacitar as pessoas com

oportunidades para que alcancem aquilo com que sonharam, inclusive financeiramente. É como se o dízimo ligasse uma chave. Tem uma usina de energia, tá desligada, não acontece nada. Quando você põe a chave e liga, a corrente é acionada. É mais ou menos isso o que acontece.

Gabrielly Souza achou que tinha a chave para a prosperidade. Ela trabalhava como secretária numa clínica odontológica, daquelas que cobram metade do preço da tabela para atender o triplo de gente na periferia de grandes cidades. Seu sonho é abrir um pet shop na favela onde mora. Conversou com o pastor, e o recado dele foi claro. Gabrielly precisava ser mais generosa na hora das ofertas para provar que tinha fé. Deus proverá. E assim ela fez. Além do dízimo, que lhe arrancava 150 reais por mês, transferiu os 4357 reais que acumulara em cinco anos de poupança para uma conta da igreja. Também vendeu um colar de ouro que sua falecida mãe lhe deixara, que rendeu uns quatrocentos reais. Passou todo esse recibo em nome de Deus.

 É dando que se recebe, afinal. Mas Gabrielly ainda não viu a prometida reciprocidade divina. Foi demitida meses depois e hoje se vira como pode, fazendo bicos de babá e cuidando do quiosque de bijuteria que uma tia tem na comunidade. A parente, aliás, é uma inspiração: inaugurou o próprio negócio depois de muita oração e uma oferta caprichada ao templo que frequenta. Credita sua conquista empresarial a esse gesto e incentivou a sobrinha a fazer o mesmo. O namorado de Gabrielly, católico não praticante, tira sarro da situação. "Deus proverá, sim, proverá pro pastor", zombou dela certo dia. Gabrielly quase terminou o relacionamento. "Deus sabe a hora de tirar e a hora de dar", me diz no intervalo de um culto. Está decidida a pedir um empréstimo para abrir o Cão Feliz, estabelecimento que idealizou tem quase uma década.

Saúde financeira importa e é algo valorizado no meio evangélico. Augustus Nicodemus escreveu um livro só sobre isso: *O que a Bíblia fala sobre dinheiro*. Respeitado reverendo presbiteriano e ex-chanceler da paulistana Universidade Mackenzie, ele me concede esta entrevista para uma reportagem que eu faria sobre o lançamento literário. Usa boa parte do tempo para falar sobre o desconforto de igrejas históricas do protestantismo, como a que pastoreia, com a concepção de dízimo que se alastrou pela sociedade, muito devido à voracidade com que pares pentecostais e neopentecostais miram o bolso de fiéis. "Por conta dos excessos, a gente vai para outro lado, fica com medo de falar a respeito de dinheiro. Também é errado. A Bíblia fala mais de dinheiro do que de amor. Tem muita coisa sobre gestão financeira. Evangélicos dependem muitas vezes de recursos contadinhos para viver."

É importante entender que "o dinheiro em si não é bom nem mau, depende da nossa atitude para com ele", continua Nicodemus, batizado com o nome do fariseu do Novo Testamento que levou quilos de ervas aromáticas para ungir o corpo de Jesus.

> Não devemos fazer do dinheiro o deus da nossa vida. Jesus prega que a gente não viva ansioso com o que vai comer, beber, vestir. Deus cuida dos passarinhos, veste o lírio dos campos, não cai nenhum fio da nossa cabeça. Diz que os pagãos ficam ansiosos porque não têm um Pai. E é um alerta contra os mercadores da fé.

São dessa lavra, segundo Nicodemus, os que veem a religião como via expressa para o enriquecimento. "Na Idade Média vendiam indulgências, relíquias, pedaços da cruz etc. Hoje, vendem objetos ungidos e oferecem bênçãos materiais em troca de ofertas e dízimos. Eles enriquecem, e os fiéis ficam pobres."

Líderes que se aproveitam da fé dos crentes para engordarem a própria conta bancária, além de lançarem uma "sombra de desconfiança" sobre as contribuições financeiras às igrejas, desrespeitam o legado do Senhor, diz o presbiteriano. O apóstolo Lucas já teria advertido sobre o amor que os fariseus, um grupo judeu da época, nutriam pelo dinheiro, o que os encorajava a requerer para o templo quantias que judeus piedosos separavam para o sustento dos pais.

Entre os versículos mais famosos sobre a cobiça despudorada de alguns líderes religiosos está o que adverte sobre os falsos profetas (Mateus 7,15). Eles são descritos como os que vêm vestidos de peles de ovelhas, mas por dentro são lobos devoradores, ávidos por enganar os incautos e afanar seus recursos. O apóstolo Pedro, em outra passagem, recrimina aqueles que se apresentam como enviados de Cristo mas que, "por avareza, procurarão, com discursos fingidos, fazer de vós objeto de negócios".

A faxineira Jaciele Souza sacou na hora. Não é evangélica, mas o filho é. Conta que o acompanhou à igreja num domingo, para um evento especial da Força Jovem Universal, grupo da Universal do qual o garoto de treze anos faz parte. Na hora de pedir o dízimo, ela diz, o pastor não se deu a sutilezas. O sujeito que tanto inspirava seu filho condicionou a realização de milagres ao repasse financeiro e pôs em xeque o caráter dos fiéis "mãos-fechadas". Bombardeou a plateia com justificativas bíblicas para irrigar os cofres da Universal, como a proverbial "Há quem seja pródigo e aumente sua riqueza, e há quem guarde sem medida e se empobreça". Terminou lançando esta: "Quando você vai ao bar, você quer beber a melhor cerveja, paga por ela, e quando quer ir pra igreja, vai doar só dois reais?".

Misericórdia. Jaciele reproduz o símbolo de "o.k." com as mãos que fez quando o pastor se afastou, unindo as pontas do polegar e do indicador num círculo, e os outros três dedos estendidos, o que no Brasil também é um gesto nada cristão para mandar o interlocutor ir se catar. "Sai fora, Deus que me defenda", ela repete o que pensou na hora. Foi a única do salão que nada doou. Não lhe sai da cabeça a imagem da amiga que foi convencida por um pastor de que o carro e o apartamento próprios estavam amaldiçoados. Vendeu ambos e doou o valor para a igreja. Se assim o fizesse, disse o guia espiritual, em pouco tempo trocaria a mal-ajambrada casa onde morava na comunidade de Paraisópolis, na zona sul de São Paulo, por um palacete nos Jardins, bairro coqueluche da elite paulistana. "Ficaram sem nada." A Jaciele restou o pé-atrás com a fé da amiga e do filho.

Isso é um problema grave, reconhece Nicodemus.

Sabemos que tem falsos profetas, mercenários, que utilizam da crendice do povo para arrancar até o último centavo. Mas não tem como igrejas sérias se manterem e ajudarem os pobres sem as ofertas. De onde vem esse dinheiro? O Estado é laico, a igreja não recebe nada do governo. Precisa de recurso para manter instalações e funcionários. Muitos pastores são assalariados.

É uma abordagem delicada, reconhece o pastor Valdinei Ferreira, à frente do mais antigo templo evangélico da capital paulista, a Primeira Igreja Presbiteriana Independente de São Paulo, de 1865. Ele encarou o desafio num sermão em que listou "três assuntos de difícil tratamento na igreja": política, sexo e dinheiro.

Entretanto, a Bíblia trata dos três de forma muito aberta. É o caso do tema das finanças. Dois extremos ofuscam nossos olhos. De um lado a ideologia secular que prega o tempo todo que o dinheiro é a fonte de felicidade, de segurança.

O dinheiro é um deus. Por outro lado, há a ideologia que abomina os bens materiais e responsabiliza o dinheiro por todos os males do mundo. Nessa linha, o dinheiro é um demônio. Mas, na perspectiva bíblica, o dinheiro não deve ser nem um deus nem um demônio. Os bens materiais são sementes que Deus confiou às nossas mãos. No solo do reino podemos semear de modo inteligente e farto ou podemos semear o mínimo acompanhado por sofrimento e insensatez.

Plantou, colheu. Ser um bom semeador, afinal, significaria zelar não só pela obra de Deus, mas pelo próprio futuro. E Deus, quando vai fechar esse contrato com cada um de nós, não estaria de olho em quem doou mais no total, mas naqueles que foram generosos em relação ao que possuíam. Jaciele, a fiel reticente, por fim foi mais uma brasileira a engrossar as fileiras evangélicas e separar parte dos seus ganhos para a igreja. A que frequenta é bem pequena, "umas dez pessoas ao todo", sendo que metade não contribui regularmente. "O espaço é alugado por mil reais, ou seja, o dízimo mal dá pra pagar o aluguel. Então resolvi ajudar também pra não fechar, já que estou gostando de ir." O próprio Jesus disse que "é mais fácil um camelo entrar pelo buraco de uma agulha do que um rico entrar no Reino de Deus". "O fundamento para contribuir não são as circunstâncias positivas, [ofertar mais] porque os negócios vão bem", diz o pastor Valdinei. "O cristão contribui pela quantidade de graça que experimenta no seu coração, e não pela quantia de dinheiro que tem sobrando em sua conta."

Ele conta uma historinha para ilustrar a realidade em muitos lares cristãos nos dias correntes. Um menino recebeu da mãe duas moedas de mesmo valor. Ela o orientou: "Essa é para você comprar alguma coisa que queira, e essa é para o momento do ofertório". A família entra no carro e vai para a igreja. Quando estacionam, o garoto deixa cair uma das moedas.

Acompanha seu trajeto pelo asfalto até ver o círculo de metal sumir na sarjeta. Então ele se vira e lamenta: "Mamãe, a moeda de Deus caiu no bueiro".

Valdinei retoma seu raciocínio: "Quando não há generosidade, é sempre a moedinha de Deus que é cortada no orçamento doméstico. Quando não há generosidade, ficamos satisfeitos porque cumprimos a nossa obrigação".

O problema é que são cada vez mais os crentes que enxergam a igreja contemporânea como uma instituição há muito afastada dos princípios bíblicos. Se por um lado o dízimo financia igrejas e ajuda a espalhar o cristianismo, por outro é um dos motivos que faz crescer entre evangélicos o número de desigrejados, aqueles que seguem a fé sem pertencer a uma denominação específica. Pastores tentam, para brecar essa fuga de fiéis, lembrar que a ideia de ofertar a Deus é tão antiga quanto os primeiros homens que povoaram a Terra.

As Escrituras, claro, dão margem a múltiplas interpretações sobre esse instituto, a depender de quem as lê. Alguns vão dizer que a Bíblia estipula, sim, a obrigatoriedade de dizimar. Outros, que o gesto deve ser voluntário, e que o pastor que defende o contrário propaga uma falsa doutrina para enriquecer à custa do crente.

Vários trechos do Antigo Testamento aludem a esse sistema tributário. Caim e Abel, filhos de Adão e Eva, já ofereciam a Deus parte do que produziam. O livro do Levítico orienta o povo a dar uma porção de seus cereais, frutas e rebanho para a obra divina. O livro de Malaquias é um dos mais usados por líderes eclesiásticos para justificar a cobrança do dízimo. O texto compara a ladrões aqueles que não aderem ao hábito, pois roubariam de Deus algo que Lhe é de direito.

Uma das primeiras menções ao dízimo no Novo Testamento é uma reprimenda de Jesus à hipocrisia dos fariseus:

Ai de vós, escribas e fariseus, hipócritas, que pagais o dízimo da hortelã, do endro e do cominho, mas omitis as coisas mais importantes da lei: a justiça, a misericórdia e a fidelidade. Importava praticar estas coisas, mas sem omitir aquelas.

Ali há também a história de Ananias e Safira, membros da igreja primitiva cristã em Jerusalém que acabaram aniquilados pela providência divina. Com conhecimento da mulher, Ananias vendeu uma propriedade e levou apenas parte dos ganhos aos apóstolos. Guardou o restante para si, mas mentiu a Pedro que o dinheiro entregue era o valor total. Caiu morto na hora. Safira, depois, repetiria a lorota. Teve o mesmo destino do marido. A ira divina os dizimou.

Agradecimentos

A Luiz, Silas, Sóstenes, Kathlyn, Mônica, Marisa, Angelita e todos os amigos evangélicos que compartilharam suas histórias e me ajudaram a entender um pouco mais, e com bem menos preconceito, sobre este novo Brasil que desponta no horizonte.

A André Conti e toda a equipe da Todavia, que apostaram nesta parceria e provaram um pouco da paciência de Jó pelo tanto que esperaram até eu conseguir entregar este livro em meio a um trabalho, uma pandemia e duas gestações.

À *Folha de S.Paulo*, por abrir espaço para que eu pudesse escrever sobre esse assunto tão importante e me dar as ferramentas necessárias para avançar nessa pesquisa.

A Victor Ferreira, pelas palavras de incentivo e por me ouvir tantas vezes repetir as mesmas coisas que o nobre leitor lê aqui nestas páginas.

© Anna Virginia Balloussier, 2024

Todos os direitos desta edição reservados à Todavia.

Grafia atualizada segundo o Acordo Ortográfico da Língua Portuguesa de 1990, que entrou em vigor no Brasil em 2009.

capa
Paula Carvalho
imagem de capa
Andrew Lichtenstein/ Getty Images
composição
Jussara Fino
preparação
Leny Cordeiro
revisão
Gabriela Rocha
Érika Nogueira Vieira

1ª reimpressão, 2024

Dados Internacionais de Catalogação na Publicação (CIP)

Balloussier, Anna Virginia (1987-)
 O púlpito : fé, poder e o Brasil dos evangélicos / Anna Virginia Balloussier. — 1. ed. — São Paulo : Todavia, 2024.

 ISBN 978-65-5692-578-3

 1. Reportagem. 2. Não ficção brasileira. 3. Religião. 4. Poder. 5. Evangélicos. I. Título.

CDD 286

Índice para catálogo sistemático:
1. Religiosos : Evangélicos 286

Bruna Heller — Bibliotecária — CRB-10/2348

todavia
Rua Luís Anhaia, 44
05433.020 São Paulo SP
T. 55 11 3094 0500
www.todavialivros.com.br

fonte
Register*
papel
Pólen natural 80 g/m²
impressão
Geográfica